妈妈教养心理学 1

发现0~6岁孩子成长的秘密

木紫 / 编著

中国妇女出版社

图书在版编目（CIP）数据

妈妈教养心理学．1，发现0~6岁孩子成长的秘密／木紫编著．—北京：中国妇女出版社，2014.6

ISBN 978-7-80203-871-4

Ⅰ.①妈…　Ⅱ.①木…　Ⅲ.①儿童教育—家庭教育—教育心理学　Ⅳ.①G78

中国版本图书馆CIP数据核字（2014）第088648号

妈妈教养心理学1——发现0~6岁孩子成长的秘密

作　　者： 木　紫　编著
选题策划： 姜　喆
责任编辑： 王　琳
责任印制： 王卫东
出版发行： 中国妇女出版社
地　　址： 北京东城区史家胡同甲24号　　**邮政编码：** 100010
电　　话：（010）65133160（发行部）　　65133161（邮购）
网　　址： www.womenbooks.com.cn
经　　销： 各地新华书店
印　　刷： 北京联兴华印刷厂
开　　本： 170×240　　1/16
印　　张： 15.25
字　　数： 200千字
版　　次： 2014年6月第1版
印　　次： 2014年6月第1次
书　　号： ISBN 978-7-80203-871-4
定　　价： 29.80元

前　言

当我们荣升为爸爸妈妈的时候，心中最大的愿望就是把孩子教育好，让他能够幸福、快乐地生活在这个世界上。那么，什么样的孩子才会有这样的人生？我们怎么教育孩子才会使他成才？我觉得，孩子最起码要具备健全的人格、健康的身体、丰富的知识和做事的能力；再往高一点儿说，孩子的内心要有尺度，不会被外界的环境所左右。至于怎么教育，则需要父母不断学习才能做到、做好！

我在网上看到过这样一个帖子，说是一位妈妈为了锻炼儿子的胆量，让儿子对着一只小白兔，不断地用力去掐去打，场面非常残忍。父母的教育行为决定着孩子的成长。这位妈妈的做法不但不能锻炼儿子的胆量，还会影响孩子的爱心发展。6 岁前的儿童拥有吸收力极强的心灵，会很快习得伤害小动物的行为，他们幼小的心灵中因此有了暴力、残忍地对待生命的痕迹。不知道哪一天，孩子的拳头就会落在小伙伴、亲人的身上！想想就觉得恐怖。

举这个例子，就是想说明有些家长其实是不懂教育的。虽然他们怀有美好的愿望，希望自己的孩子将来有出息、有前途、生活幸福，他们也在为这个目标努力。但是，因为他们不懂孩子的心理、不懂孩子的成长规律、忽略孩子的真正需要，只是按照自己的想法塑造孩子。结果，不仅孩子成材的愿望落空，还可能使孩子偏离成长轨迹，长大后做出令人痛心和惋惜的事情。

民国时期，著名教育家、爱国将领朱庆澜先生曾把一个人从出生到6岁入学前、入学读书、离开学校走上社会这三个阶段，形象地比喻为“三道染缸”。他说：“小孩子生下来，好似雪白的丝。在家里生活6年，好似第一道染缸。家里6年教得好，养得好，好似白丝染成红底子。到了进学堂，再得好先生，就将那红红的底子好好加上一层，自然变成了大红。到了世界（社会）上，哪怕遇着坏朋友、坏染缸，想把他变成黑色，他那大红的底子，一时总不得变的。

“如果再遇上好朋友、好染缸，不用说，自然变成真正的朱红，头等的好人了。万一在家里6年，教的法子、养的法子不好，比如白丝一下缸已经染成黑底子。进了学堂，就有好先生，想把他变成红色，那黑底子总是难退得去。就是勉强替他加上一层红色，仍旧是个半红半黑的。如果学生再遇着不热心的先生，到了世界上，再遇着坏朋友、坏染缸，将黑底子一层一层加上黑色，自然变成永不退色的黑青，永不回头的坏蛋了。”

那么，6岁前的教育为什么这么重要呢？

1. 成长是个连续的过程

孩子的成长是个连续的过程，每个阶段都有特定的发展任务，前一个阶段的发展任务完成了，才能很好地实现后一个阶段的任务。前一个阶段完成得不好，必然导致后面的阶段不能获得很好的发展。

举个简单的例子，如果孩子1岁前没能建立起良好的安全感，那么孩子自信心的建立、人际关系的发展、性格的形成等就会受到影响。

2. 6岁前是智力发展的关键

孩子出生以后，身体结构虽是完整的，但是功能还没有完全发育好。比如，观察力、思维力、想象力、注意力、记忆力、创造力等，都需要适宜的刺激和锻炼来发展。

6岁前的孩子具有吸收性心智，这个阶段是视觉、口、手、走、空间、秩序、模仿等能力发展的敏感期。如果没有把握好这个时期，脑部和各项能力的发展将会受到限制，有的甚至终生不能弥补。

3. 6岁前是人格发展的基础

一个人的良好发展，不仅仅在于智力因素，还在于非智力因素，比如，需要、兴趣、动机、情感、意志、性格等人格因素。这些非智力因素属于动力系统，对孩子成长的影响起着决定性的作用。而6岁以前的教育，正是人格发展的基础，是真正的“打底色”的教育。

可以说，6岁前的教育决定着孩子的一生。那么，父母应该怎么做才能让孩子走好这个关键阶段呢？本书从6岁前孩子要完成的发展任务、父母如何爱孩子、关键期的培养、人格培养、习惯培养等几方面进行了阐述，让父母在了解孩子心理的基础上，找到孩子成长的规律，获得正确的教养方法，从而培养出一个身心健康的好孩子！

目录 Contents

第1章

6岁前要完成的成长任务
——建立安全感，实现自主性和主动性

6岁前的教育决定着孩子的一生。这是因为该时期是孩子行为、习惯、人格发展“打底色”的阶段。如果在这个阶段孩子受到了良好的家庭教育，完成了要完成的成长任务——建立充分的安全感，实现自主性、主动性，那么孩子就拥有成为一个“好人”“有出息的人”“幸福的人”“主宰自己命运的人”的好底子，以后的发展就会很顺利。

0~1岁，重点培养孩子的安全感

从女儿瑶瑶出生的那一天起，夫妻俩的心中就溢满了幸福。看着可爱的宝宝，想象着她的未来，小夫妻感到很大的责任在肩头，几乎是一夜间退去了青涩，开始认真规划起未来的日子。

为了能给女儿创造一个优越的生活环境，在孩子6个月的时候，夫妻俩把女儿托付给了爷爷奶奶后，就去了外地工作。一年以后，当他们拎着大包小包的好吃的，满怀着对女儿的思念之情回来时，迎接他们的却是女儿怯生生的目光。

在经历了很长时间的哄、抱、逗后，瑶瑶总算把爸爸妈妈买回的好吃的放进了嘴里，也肯和他们玩玩游戏了。只是玩儿着玩儿着，瑶瑶就要跑回奶奶身边寻求安慰。如果爷爷奶奶离开房间，她也会立马跟出去。

到了晚上，瑶瑶不容分说地走进了爷爷奶奶的房间。爸爸跟进去想抱女儿出来，谁想女儿轻声说："你们回你们家吧，我们要睡觉了……"女儿的逐客令让这对小夫妻心里特别不是滋味。后来，小夫妻乐观地把这个局面归结为孩子小不懂事，认为孩子大点儿带在身边亲自抚养就会好了。

瑶瑶3岁半的时候，父母把她接到身边，平时活泼的小女孩一下子变得沉默寡言。遇到不如意的事情，瑶瑶就哭着喊着要奶奶，很少像别的孩子那样缠着爸爸妈妈撒娇。在幼儿园里，瑶瑶经常被别的小朋友欺负，而且明显不如同龄孩子聪明、伶俐。

有一天，瑶瑶在房间里玩水，把地板都弄湿了。妈妈说了几次，瑶瑶都不肯停下来。妈妈气急了，打了她一巴掌。谁知她抬腿就要走，说："我要回老家找奶奶去，奶奶最爱我了！爸爸妈妈一点儿都不爱我！"

这对夫妻很苦恼。他们百分之百地爱着女儿，希望女儿也能像其他孩子一样信任父母、爱父母，把父母当成最亲的人，可是他们觉得自己和女儿之间仿佛隔着一堵墙，女儿和他们怎么也亲近不起来。

一般情况下，3 岁前的孩子最依恋的人就是妈妈，如果哪个孩子不是这样，就说明安全依恋的对象不是妈妈。如果妈妈是这个孩子当下和未来最主要的养育者，那么这种状态对孩子的人格发展是非常不利的。这样的孩子成年后，倾向于悲观、不自信、多疑、抑郁、烦躁等消极的人格特征。

最好的依恋类型：安全依恋

在新生儿阶段有一个很重要的连接，即母婴连接。这是建立孩子与父母之间亲情和紧密关系最重要的情感基础。胎儿刚被分娩出来的时候，会立即产生一种强烈的分离焦虑。这种焦虑要靠妈妈的爱抚以及母乳喂养来缓解。这时的孩子渴望和妈妈在一起，即使只是含着乳头也能消除他们内心的恐惧。因此，妈妈的陪伴是这时期孩子成长的重要精神营养，可以降低孩子的分离焦虑，逐步恢复胎儿时期的安全感，所以妈妈一定要自己带孩子。

心理学家埃里克森认为，0~1 岁半的婴儿处于信任和不信任的心理冲突期。如果这一阶段的危机得到解决，就会形成“希望”的品质，成年后性格倾向于乐观、信任、活跃、有爱心等积极的人格特征；如果这一阶段的危机是消极解决，孩子就会形成惧怕感，成年后性格倾向于悲观、多疑、抑郁、烦躁等消极的人格特征。因此，这个阶段父母的主要任务是充分满足孩子生理和心理上的需要，以此发展孩子的信任感、克服不信任感。这样才能打好孩子一生身心健康的基础。

一般可以通过妈妈离开时孩子的表现，来判断孩子未来的人格发展方向。分离后，孩子的表现主要分为三种：安全依恋型、逃避型、矛盾型。

安全依恋型的孩子在母亲要离开时会哭闹、焦虑、缠住妈妈，甚至追着妈妈跑，但是当妈妈离开后，他们的情绪容易被抚平。当妈妈回来时他们很高兴，会让妈妈抱，要和妈妈亲热。带他们出去玩时，妈妈在场，他们会玩得很欢，但是不会远离妈妈的视线，通常以妈妈作为自己活动的基点，玩耍时常常回到妈妈身边寻求安慰，或者确认妈妈是否还在。这类孩子通常比较合作，很少生气，对陌生人也比较友善。

逃避型孩子在妈妈离开时很少哭泣，妈妈回来时也不会表现得高兴并会设法逃避妈妈。这类孩子在有需求时不会寻求帮助，常有愤怒情绪，对陌生人不在意。他们几乎不会和人建立交往关系，所以缺乏与人交往的经验，长大后很可能不懂得怎么跟人相处。

矛盾型孩子在妈妈离开之前就开始焦虑，他们紧张地关注妈妈的行为，生怕妈妈离开，因此不能尽兴地玩耍。妈妈离开后他们会更加不安，情绪一直都快乐不起来。妈妈回来后他们的行为也很矛盾，既想亲近妈妈，又想通过尖叫、踢打来拒绝妈妈。这类孩子对周围环境的探索主动性不强，很难安抚，对陌生人也不友好。他们虽然渴望交往，但是因为对人缺乏信任，长大后很难和人建立亲密的关系。

孩子和妈妈形成的依恋关系，是孩子人格发展的基础，决定着孩子未来将以什么样的状态生活在这个世界上。

6个月~1岁是形成依恋关系的关键时期。这个阶段，父母要给孩子无微不至的照顾，让孩子从妈妈的亲热、爱抚、及时的喂养、交流、注视等行为中体验到妈妈的爱，获得安全感，形成积极的人格品质，如自信、信任、友善、勇敢等。这些品质会随着孩子慢慢长大而逐渐呈现出来。

心理学家罗耶说：“在唤醒婴儿感官愉悦的过程中，父母扮演着第一个重要角色。通过他们对婴儿的日常照料——喂奶、换尿布、爱抚，婴儿发现了皮肤的接触、音乐般的嗓音、甜腻的奶香、妈妈温柔的目光给他带来的快感。”由此可见，快乐是一切积极情绪的基础和归宿。因此，孩子在1岁前获得的快乐，是他良好人格发展的基础。

教养关键01

妈妈要有规律地照顾孩子

0~1岁的婴儿需要成人的照顾，对成人依赖最大。这一阶段要求父母等养育者（主要是母亲）在抚养孩子的过程中，应充分满足孩子的生理需要，即孩子饿了及时喂奶、尿了及时处理等。但应注意父母在满足程度和方式上要尽可能保持一致性、一贯性，不能随意改变，即使变化也要渐进地、有规律地进行，使孩子容易适应。

1. 有规律地满足孩子的生理需要

如果父母能够爱抚孩子，并且有规律地照料孩子，满足他们的基本生理需要，如饮食、排便等，就能使孩子对周围的人产生一种基本信任感，感到周围的环境和人都是可靠的。孩子从生理需要的满足中体验身体的平和，并感到安全。相反，如果孩子的基本需要没有得到满足，或者得到的是不一贯、无规律的满足，就会对周围的人产生不信任感。孩子从生理需要的不满足中体验着身体的不适，产生最初的不安全感。

孩子对这个世界的认识是从与这个世界上的人和物的接触中获得的。如果妈妈高兴了就不断地给孩子奶吃、不断地亲吻孩子，不高兴了就等到孩子哭了才喂奶，忙的时候一天都不看孩子几眼……这种不考虑孩子需要的养育方式会让孩子觉得这个世界是充满了不确定因素的、不值得信任的。

如果孩子没有表达要吃奶的愿望妈妈就主动喂奶，会使孩子特别容易轻信别人；当孩子表达吃奶的愿望，父母耽搁着不喂，孩子就会产生不信任别人的心理，从而开始戒备这个世界。所以按照孩子的需要有规律地喂奶，是遵从孩子内在的秩序，能使孩子从中找到一定的规则，并适应其中。这种认知进入孩子的潜意识后，有助于孩子成为一个有秩序的人。

2. 满足孩子的情感需要

孩子具有天生的被遗弃感，他们最担心的事情就是得不到父母的爱和被父母遗弃。一旦他们感受不到父母的爱和关注，就会心生惊恐。在这种消极情绪的控制下，孩子无法顺利发展各项能力，还会影响健康人格的形成。

英国比较心理学家哈洛以恒河猴为对象，做了一个关于“依恋”关系的实验。恒河猴和人类的基因非常相似，幼猴的基本需求、受到外界刺激时做出的一些反应，与人类的婴儿如出一辙。

哈洛制作了两只“母猴”：一只母猴的外表由铁丝网制成，腹部上方有个橡皮“乳头”，接触的时候，奶水从乳头上面的洞里流出来，幼猴便能喝到奶；另一只母猴由厚纸筒套上绒毛布巾制成，看上去暖融融的。

做好这一切后，哈洛把一群刚出生的恒河猴和两只“母猴”一起放进笼里。接下来几天，哈洛观察到，幼猴饿了就去铁丝“母猴”那里吸奶，它们都很喜欢这位能够提供奶水的“妈妈”，都围在它身边。后来情况发生了转变，幼猴都来到了绒布“母猴”身边，它们趴在它胸前，蹭它的身体，抚摸它的脸，做出很亲昵的动作。它们只有饿了才去铁丝“母猴”那里吸取乳汁，吃完后会迅速回到绒毛猴的“怀抱”。

哈洛由此得出结论：爱源自接触，而非食物。然而，这些由绒布“母猴”抚养大的猴子不能和其他猴子一起玩耍，性格极其孤僻，甚至性成熟后不能进行交配。于是，哈洛对实验进行了改进，为幼猴制作了一个可以摇摆的“绒布母猴”，并保证它们每天都会有一个半小时的时间和真正的猴子在一起玩耍。最后，这种被会摇摆的绒布母猴哺育大的猴子基本上正常了。

这个实验告诉我们，作为孩子的养育者，不光要满足孩子的物质需要，还要满足孩子的精神需要。父母尤其是妈妈不但要亲自抚养孩子，还要多向孩子表达爱，多多亲吻、抚摸、陪伴孩子。平时，父母要多和孩子玩耍、做游戏、立规则，多和孩子商量，多鼓励、夸奖孩子。这样孩子就能感受到父母对他的重视，就会比较乐观、积极，并信任父母和周围的人，还会充满信心地生活在这个世界上。

1~3岁，孩子渴望获得“自主”

程程差两个月就3岁了，个子比同龄孩子要高一些，文静中带点儿怯怯的感觉。妈妈说，这个孩子在小区里没有朋友，甚至跟谁都没一起玩过。妈妈的朋友张叔叔不信，领着程程走向小区的人群。在这个过程中，程程的手随着距离人群越来越近而攥得越来越紧，到最后小手都有点儿黏黏的汗渍了。

张叔叔跟程程说：“咱们和小朋友一起做游戏吧？”程程摇摇头。张叔叔说：“那就一起去玩滑梯。”他还是摇摇头。张叔叔说：“那就去玩沙子，筑长城！”他还是摇摇头。张叔叔说：“那你喜欢玩什么呢？”程程拉着张叔叔的手走到了场地外，说：“看着他们玩！”

后来，张叔叔跟程程的妈妈了解了程程的成长情况。原来，程程从小跟着爷爷奶奶长大，爷爷奶奶腿不好，所以这个孩子3岁前几乎没怎么出过屋子，最主要的生活内容就是待在家里看电视。妈妈说，等他们接手照顾孩子时，这个孩子特别不喜欢去外边玩，现在敢看别人玩，就已经是很大的进步了。

程程因为环境的限制，没有在3岁前实现自我构建需要的自主自立，很怀疑自己的能力，所以就有了以上怯怯的表现。如果不能得到很好的改善，孩子可能就会形成依赖性、自卑性人格。

拥有自主性，才能拥有健康自我

孩子 1 岁时，已经比较熟悉自己的身体，知道自己不同于外界别的物体。但是他们并不满足于对自己、对世界这么少的认识和控制，他们要让自己更强大，所以他们还要持续不断地成长。

1~3 岁被心理学家埃里克森称为自主对羞怯的阶段。这个阶段，孩子会主动地形成一种与外界的关联感，尝试着去认识自己的能力。他们渴望控制自己的需要和倾向，争着抢着要自己洗脸、洗手、穿衣服，喜欢按照自己的意愿去探索外面的世界。如果此阶段父母没有干预孩子，让孩子去做想做的事情，孩子就获得了自主，就会觉得自己是独立的，很容易形成自信的人格。

要知道，孩子的成长是一个不断走向独立的过程。独立是孩子作为生命个体所需要和寻求的，家长所能做的就是给孩子创造一个他期待的环境，允许孩子做他想做的事情。

1 岁左右的孩子，处于认识自己的身体、感知自己的身体不同于外界物体的阶段。2 岁以后，孩子能够到处跑了，他们的探索欲望更强烈，心理成长也更快，迫切想展示自己的实力。这时的孩子喜欢用“不”“我自己来”来反抗别人。到了 3 岁的时候，孩子的自我意识会更强烈，喜欢自己动手做。如果没有什么危险，就让孩子自己来好了，父母顶多教教孩子怎么正确地操作。放手让孩子自己去做，更能促进孩子独立性和自信心的发展。

心理学家皮亚杰说：“心理发展源于动作，动作产生认识。”不要怕孩子好动，只有多动，才能打开孩子认知的通道，使孩子实现对自己、对世界的认识。

认知是一个通过感觉、知觉、记忆、想象、思维和语言等获得知识和应用知识的过程。感觉是认知活动的基础。感觉包括外部感觉和内部感觉：外部感觉接受外部世界的刺激，如视觉、听觉、嗅觉、味觉、肤觉等；内部感觉接受身体内部的刺激，如运动觉、平衡觉、内脏感觉等。

对于3岁前的孩子，他们的认知活动主要靠感觉，即用身体去感受、感知事物，所以孩子的学习是在行动中发生的。孩子身体动得越多，获得的对这个世界的感觉也就越多，而感觉是一切认知活动的基础，能够促使孩子的大脑发育和心理成长。可以说，越爱玩、越会玩的孩子越聪明、越富有自信、未来掌控自己命运的主动性越强。

教养关键 02

做有耐心的父母

当能够独自站立的时候，孩子会热衷于站姿，只要有支撑物，就会扶着站起来、然后不停地站起来、蹲下去，再站起来、再蹲下去。当孩子能够独立行走的时候，他会到处走，甚至哪里道路不平整、哪里有障碍物就往哪里去。这就是孩子的生活，适应身体成长和心理发育的生活。面对孩子的好动天性，父母应该怎么做呢？

1. 让孩子自由玩耍

所谓自由玩耍，就是孩子想玩什么就玩什么，而不是父母出于安全、干净等目的给孩子安排好的场地和玩具。真正高品质的玩耍是孩子自己选择的，因为在这个过程中孩子体会到了自主，开启了孩子将来掌控自己命运的成长之门！

父母不要随便干涉或漠视孩子选择的活动，孩子感兴趣的每一项活动都是受内在成长秩序的支配来满足成长需要的。父母支持孩子玩，会使孩子感到十分开心。

玩过家家，孩子通过模仿成人的家务活动，如给娃娃洗手、喂饭、脱衣服等，可以学习生活自理能力；玩积木，孩子可以学习认识各种颜色和形状，把积木搭成喜欢的造型，培养想象力和锻炼手眼协调的能力；玩沙、玩水或是玩球，也能使孩子学到很多知识，发展探索意识以及交往能力与语言能力。这些对孩子今后的学习都大为有益。这种玩耍出于孩子的兴趣，不是父母强加的，符合孩子的年龄特征，符合身心发育的规律。

在孩子玩耍的过程中，即使破坏了一些东西或身体有磕碰，父母也不要因为场面混乱或担心孩子出状况而责怪、吓唬孩子。父母要多鼓励孩子大胆地玩耍，以增强孩子与这个世界接触的自信心，激发孩子对这个世界产生更大兴趣，而不要打击孩子，以免孩子形成自卑、懦弱的性格。

当孩子专注于玩什么的时候，父母不要打断他，最好坐在孩子旁边饶有兴趣地观察孩子。有父母一起分享，孩子的创造力会更强，收获也会更大。

多带孩子出去玩，在安全的情况下让孩子接触不同的玩具材料。不管是外面的雨、雪、沙、泥，还是家里的米、面、豆、盐、糖，只要孩子感兴趣、想玩，就让他玩。不要担心孩子把衣服弄脏了、把鞋子弄湿了、把家里的东西弄坏了，要知道，这些带来不良后果的行为除了带给孩子身体上的新奇体验，还能让孩子习得一些生活经验，就如“被雨淋病的孩子一定会躲雨”一样。最为主要的是，这样做还促进了孩子的身体发展和大脑发育。

2. 等孩子做完，就是教育

有的父母很怕孩子制造“麻烦”，比如，吃饭用手抓，喝水打碎杯子，偏要自己倒水却弄得满地都是水，上街要自己走却走得很慢，要自己穿衣服却怎么也穿不好……其实，孩子这么做正是成长的体现。父母等孩子做完，就是对孩子施以了最好的教育。因为孩子在做的过程中，掌握了做事的窍门，获得了“我能做”的自我认识，从而使自信心得到增强。

因此，当孩子做不好或者动作比较缓慢的时候，父母要学会等待和忍耐。孩子走得慢或吃得慢就等一会儿，而不是顺手抱起孩子或者喂孩子吃。

“第一逆反期”——孩子发出了独立信号

盈盈还差两个月就3岁了，妈妈发现她越来越不听话了。吃饭前，妈妈说：“盈盈，洗小手了！”盈盈把手往身后一背，说：“不洗小手！”妈妈刚一转身，她抓起个馒头就往嘴里塞。

小姑娘从前挺有礼貌的，但是那天家里来客人时，妈妈让她打招呼，她嘴巴一闭就是不吭声。妈妈和客人聊天的时候，她又做出各种夸张的动作，搞得妈妈非常尴尬。

妈妈告诉盈盈不能碰插板、插座什么的，有危险。可是盈盈就喜欢在电源边上抠摸，害得妈妈只得每次用完电器就拔掉电源，并把插座堵上。而且最近，不知道盈盈从哪里学来了一句口头禅，一说什么就是“我不，我就不”，有时候还歪着脖子好像故意和妈妈叫板似的。妈妈气极了就忍不住给了她一巴掌，可看着女儿哭得像小泪人似的，妈妈又忍不住心疼了，后悔动手打孩子。

但是过不了多久，同样的事情还会再上演。妈妈说：“每次孩子的脾气上来，都把我气得火冒三丈，忍不住动手打她。可是每次打完我又心疼、后悔。我真是一点儿办法都没有了！”

其实，上例中的妈妈要是懂得孩子的心理发展，知道孩子在3岁左右会进入人生的第一个逆反期，那么她的情况就会好很多。

孩子在宣告：我是独立的

在3岁左右，孩子的自我意识会进一步发展。他们开始用抗拒和拒绝别人的方式有意识地练习使用自己的意志，例如用说“不”来显示自己的强大。他们陶醉在自己发出“不”这个声音的快乐感觉里。不管是和父母、老师、小朋友在一起，也不管自己到底喜欢不喜欢、愿意不愿意，他们都用“不”字来回答。

孩子为什么热衷于说“不”呢？这跟孩子的心理发展阶段有关系。2~3岁，孩子能走会跑、能唱会说了，他能够感受和理解的世界变大了。他强烈地要求独立，事情要自己做、主意要自己拿，以此构建自己能够主宰的疆域。如果这个时候，父母还是什么都替孩子安排好，享受着“孩子听话”的快乐，那么当孩子反抗的时候，父母的心里就会犯嘀咕。有的父母甚至把孩子定性为“不知好歹”，一定要孩子服从，否则就会对孩子施以惩罚。

军军是一个4岁的小男孩。在和妈妈一起逛商场的时候，他看上了一款玩具——遥控飞行鱼。玩具的飞行动作十分逼真，就像是真鱼在水中扭动，非常可爱。军军一下子被吸引住了，大声地对妈妈说：“我要这个鱼！”可这时，妈妈看到另一件玩具正在打折促销，是军军期待已久的3D立体DIY模型拼图，比平时要便宜一半。妈妈提出来买拼图。谁知军军不管不顾地大喊起来：“不，就不买那个！我就要这个鱼……”妈妈觉得很生气，结果一件都没买，抱起大哭的军军就出了商场。

无疑，军军妈妈的做法有些欠妥当，她既在经济方面失去了一次可以省钱买玩具的机会，又在情感方面弄得孩子大人都不痛快。父母强行制止孩子的行为，不仅会失去培养孩子良好判断力的机会，长此以往还会使孩子形成一种“奴性”人格：面对强势不知道据理力争，维护自己的权利；心有不满却不懂得理性地排解。这将不利于孩子建立自主的内在管理系统。但如果妈妈满足了军军，买下那个飞行鱼，孩子会觉得不管自己的要求是否合理，只要抗议了就会被满足。这同样不利于孩子建立自主的内在管理系统。

妈妈最好耐心地跟孩子说：“妈妈的钱只够买下那个 3D 立体 DIY 模型拼图。下次买玩具的时候，妈妈再买会飞的鱼！”让孩子知道这次为什么要这么做，他就不会有被侵犯、被忽视的感觉。

第一逆反期是孩子自我意识迅速成长的表现，在这之前，孩子的自我意识还不成熟，他们会时常把自己和周围的事物混为一体。随着语言和运动能力的发展，他们与周围环境的接触越来越多，自我意识也就逐步形成了。他们学会了用“我”“我的”来表达自己的愿望和要求，他们喜欢按自己的方式行动。当意愿受到阻碍的时候，他们就会表现得非常执拗、任性。父母一定要明白，不是孩子的性格执拗、任性，而是他们在用这种方式向外界宣告：我独立了！如果父母把这当成孩子长大的信号，给孩子做想做的事的机会，不去触犯孩子的底线，那么不但利于孩子“自我”的进一步建构，还利于孩子各项能力的发展。

教养关键 03

父母可以这样做

3 岁左右的孩子反抗父母，无外乎就是希望自己的行为得到父母的认同，希望自己对这个世界饶有兴致的探索不受到限制和干涉，让自己充分地发展自我。这就给父母提出了一个难题，那就是面对孩子“很无理”的反抗应该怎么做？具体采取什么方法要视情况而定，以下几种方法供父母们参考。

1. 不要直接说任务

如果孩子最近一段时间对某件事特别逆反，但这件事又不得不做，那么做之前不要对孩子说明，而要引导孩子在不知不觉中做。比如，洗澡的时候，先往澡盆里放个会游泳的小玩具，妈妈蹲下来玩，并表现出很有趣的样子。孩子被吸引过来后，一边玩一边把澡就洗了。再如，孩子不喜欢穿衣服，妈妈可以和孩子玩个穿衣比赛，谁穿得快就给谁戴上奖章。被游戏的乐趣吸引，孩子的逆反情绪也就被冲淡了。

2. 让孩子自己决定

孩子逆反的对象一般都是父母。如果做什么、怎么做由孩子自己来决定，那么他会因为要践行自己的决定而很配合。所以父母要想办法让自己的想法和孩子的决定相一致。

比如，有些孩子到了睡觉的时间不愿意睡觉，妈妈可以对孩子说："如果你现在还不想睡觉，可以选择再听一个故事或者玩 10 分钟，你选择哪一个？"即使两个方案都不合孩子的心意，但是他喜欢自己拿主意、做决定的感觉，一般都会乖乖地做出选择。

孩子生来就是有秩序感的，利用孩子这个心理特点，为他制订出他认可的行为方式，比如日常的作息时间、对某些事情的处理方式等，他都会努力遵守。

3. 先放一放

如果孩子正在做过分的事情，比如哭闹、扔东西、弄出噪声等，父母可以先制止。如果孩子不听，父母就对孩子说："爸爸妈妈去做饭了，你自己玩儿吧！"没有了观众，孩子很快就能停下来。父母还可以用孩子感兴趣的事情来吸引他的注意力，使他忘记自己正在“犯拧”的事。总之，父母不要和孩子纠结在当下，那样只会加重孩子的“拧”劲。

3~6 岁，发展孩子的主动性

孩子过了 3 岁，就越来越像小大人了。他们能端坐在餐桌前吃饭，吃完了还会像模像样地擦擦嘴。有喜欢的电视，他们能够坐在电视机前看好一会儿，看到有趣的画面，还会哈哈大笑。有的孩子会走进厨房，找到妈妈平时和面的盆，一边从面袋子里舀面，一边说："我给爸爸包饺子吃！"看那一本正经的样子，由不得你不相信他是真的想做饭。

我们经常看到四五岁的小女孩给娃娃做衣服，小男孩手里拿着锤子什么的敲敲打打。妈妈化妆的时候，孩子也会凑过来像模像样地对着镜子描描画画。

如果你的孩子也是如此，你的反应会是什么呢？你会不会因为孩子糟蹋了家里的东西而打骂孩子呢？如果是，那么你可能伤害了孩子主动性的发展，减少了孩子体验成功的机会，不利于孩子发展健康的人格。

孩子在宣告：我要做事

3~6 岁这个年龄段相当于学龄前期。在这个阶段，孩子的活动范围会逐渐超出家庭以外，并开始希望按照自己的意愿行动，试图像成人一样去做事，想要承担更多的责任。于是，他们便表现出做事的积极性，只要是家里大人做过的事情，他们都想尝试。

虽然 3 岁以后孩子的活动是受了意识的支配，但是限于该阶段孩子的思维是在直接感知和实际行动中进行的，他们可能考虑不到自己不具备做某件事的能力，也认识不到那件事在大人做的时候看起来很容易，实际上却并不简单，于是就动手做了。这样做之后，孩子会有以下两种表现。

第一，做不好，扔下不干了。孩子的自我控制能力比较差，很容易出现做的时候满怀兴致，做了一会儿，因为困难或不再感兴趣，就立即放弃。

举个例子，孩子学着妈妈的样子和面，因为他没有多少面放多少水的经验，甚至都不懂得放了水的面是粘手的，再加上孩子大脑皮层的功能区没有发育好，不能很好地控制肌肉，接水的时候可能因为端不住，而洒得到处是水。总之，孩子很有可能会在弄得一片狼藉后，便扔下不管了。

第二，做不好，大哭。孩子学做事时，一定是满怀着做好的初衷的。但是因为能力有限，孩子可能会因做不好而大哭。他们哭的原因可能是因为没有实现自己的想法“自责”，也可能由于担心父母生气而哭。

比如，孩子看到父母在读书，想到平时父母都是一边读书一边喝茶的。于是，他就主动给父母倒水。因为小肌肉不够发达，孩子在倒水的时候不小心打碎了杯子，由此便会大声哭起来。

不管是以上哪种情况，父母问明原因后，都不要打骂、斥责孩子。父母一定要明白，孩子做不好，原因在于年龄小，视神经尚未发育成熟，目测能力差，空间知觉不准确，肌肉不够发达，加上他们做事的时候心里满怀好奇，既兴奋又紧张，容易导致问题的产生。

为了保护孩子做事的主动性，家长先要肯定孩子的好意，比如，“宝宝真孝顺，想到为爸爸妈妈包饺子吃了！”“哦，宝宝真勤快，会给爸爸倒水了！”总之，父母不要因为孩子把情况弄糟了而责罚孩子，否则的话，就会打击孩子做事的积极性。

对于3~6岁的孩子，保护他们做事的主动性非常关键，如果能够让孩子体验到成功完成一项任务后的喜悦，孩子的主动性就会更强。美国新精神分析派代表人物埃里克森认为，个人未来在社会中所能取得的工作或经济上的成就，都与儿童在3~6岁主动性的发展程度有关。成功发展主动性是将来产生志向和目标感的关键。那些做事没有积极性、得过且过的人，很可能就是因为在3~6岁时，主动做事的积极性没有获得保护和发扬，以至于长大后缺乏主动性，总是依赖别人。

教养关键04

父母要保护孩子的主动性

父母的态度决定着孩子的能力发展和人格形成。那么当孩子进入了主动性发展的敏感期时，父母应该怎么做呢？

1. 给孩子一些小任务

3~6岁是孩子构建自我的关键时期。随着自我意识的不断增强，孩子已经不满足于吃饭、穿衣、倒水这样简单的事情，而是要更广阔地展示自身的价值。比如，给布娃娃洗澡、帮妈妈做饭、给客人搬椅子等，都是他们要更大范围地发挥自己的能力的表现。

如果父母能够不断地给孩子一些小任务，孩子就能较多地体验到成功的感觉，这样他们就更乐于做事了。不过有一点要注意，给孩子的任务量不能超过孩子可以忍耐的范围。如果超过了范围，不但会打击孩子做事的积极性，还可能因为劳累让孩子丧失积极性。

2. 营造支持的环境

什么是支持的环境？父母都比较勤劳，喜欢自己动手做家里的事情，比如做饭、擦车、洗衣服、打扫卫生等；或者孩子做了“破坏性”的事情，不用担心被爸爸妈妈打骂。处于这样的环境中，孩子是敢于让自己的想法付诸实践的。

那些在父母的吓唬、限制、打骂声中长大的孩子，神经自始至终都处在紧张的状态，是不会产生做事积极性的。

3. 不要随便责怪孩子

3~6 岁的孩子，脑子里装满了奇思妙想，加之他们的思维是与行动相伴的，所以很多事情就在不具备可行性的条件下发生了。特别是那些主动性很强的孩子，他们一心只想着要做成这件事，而完全没有考虑到后果。

比如，喜欢洗澡的孩子，觉得洗澡是一件很快乐、很舒服的事情，所以他就想让自己的好朋友电子猫也洗一个澡。当电子玩具因为沾水而损坏的时候，父母不要劈头盖脸给孩子冠上“败家”“胡作非为”“捣乱”等罪名，而是要耐心观察一下孩子再下结论。

如果孩子真的是洗得很认真，洗完后还用毛巾把玩具擦干，那么父母就鼓励一下孩子：“宝贝很有爱心，会给小玩具洗澡了！”然后，父母要跟孩子讲明电子玩具是不可以洗澡的，因为电子器件弄湿了以后，就不能正常运作了，所以下次做事情之前要先想想或问问这件事能不能做。

如此，不但鼓励了孩子的主动性，也有利于孩子形成正确做事的思维，更利于孩子的成长。

挫折教育要契合孩子的心理

萌萌非常喜欢画画，每周都认真地学习儿童简笔画，回来后还像模像样地自己画，画太阳、画雨、画妈妈的头发。看着女儿开心画画的样子，妈妈暗下决心，只要孩子想学就一定支持孩子。可是有一天学画回来，萌萌说不想画画了。妈妈问为什么，她说“我不会、不学”。任凭妈妈好话说尽，萌萌只是说不学。妈妈觉得女儿有这个天赋，不学太可惜了。

妈妈想女儿可能在学习的时候遇到了什么困难，于是便私下里跟别的小朋友询问了一下，这才知道女儿画楼房的时候给房子画上了翅膀，被其他孩子笑话了。妈妈断定女儿是受此打击才不想学画了，决定帮助女儿度过这个“心灵的小坎坷”。妈妈跟老师沟通了一下，请老师打个电话邀请孩子继续学画。受到老师的邀请后，萌萌又开心地去学画了。老师还有意识地表扬了萌萌，说她的想象力强。萌萌听后更爱学画了。

在上面的故事中，小女孩的妈妈做得很好。如果妈妈接受了女儿不想学的事实，那么这个“我不行”的小挫折就会伴随女儿一生，使得她形成遇事胆怯、消极的性格。而这位妈妈巧妙地解开了孩子的心结，没有使负面情绪埋藏在孩子心底，让孩子从老师的表扬中体会到了学画的乐趣，使孩子对自己充满了自信。

挫折可以打败一个人也可以成就一个人。孩子因为自信心、意志力都没有发展起来，是很容易被困难、挫折打败的。而被打败的经历会烙印进孩子的潜意识，容易使孩子生活在失落、恐惧的压力下，无法获得快乐的心境。

孩子眼里的挫折

一提起对孩子进行挫折教育，即逆商培养，大多数家长都是支持的。因为孩子的抗挫力是一项重要的心理品质，决定着孩子是否能具有健康的人格、遇到困难能否迎难而上。抗挫力强的孩子，遇到困难会积极想办法，并动手解决问题，拥有一定的对环境的适应能力、对困难的承受能力，以及独自解决问题的能力；而抗挫力弱的孩子，一遇到困难就怀疑自己的能力，会表现得不知所措和畏缩不前。

挫折、困难是每个人在生活中都会遇到的，而承受挫折和困难的程度则是因人而异的。一个人越是坚强，战胜挫折困难的能力越强，在他的生命历程中能称为挫折困难的事情就越少，他的一生会越发显得“骁勇善战”，这样的人事业成功的概率越高。所以，培养孩子的逆商是和培养智商、情商同等重要的事情。

对于孩子来讲，困难有多大，他们是没有概念的。特别是在生命的最初几年，孩子对挫折的看法来自父母，如果父母没有视为困难，孩子也就轻松承受了。

举个简单的例子，孩子摔倒了，可能因为疼痛而哭几声。如果家长装作没看见或者给予鼓励，孩子就会自己爬起来接着玩，那么摔跤就是一次很好的积累抗挫力的机会。反之，如果家长大惊小怪地跑过来安慰孩子，那么就放大了摔跤的可怕，使孩子失去了通过自己的力量站起来的勇气。

孩子眼里的困难是很多的，比如系鞋带、洗苹果、扫地、穿衣服，等等。孩子到了能自己做这些的年龄，一般是 3 周岁以后，当然家长要视孩子具体的发育情况而定。家长帮孩子做一次，并让他看着是怎样做的，以后家长就只提供指导和帮助，让他自己动手试着做。如果还是弄不好，家长就再重复教一次。孩子在经历了由不会到会，由别人帮助到自己干的过程后，心理上会得到一种满足，同时也锻炼了自理能力。

除了生活上的困难，孩子在成长的过程中，还可能遇到学习、交往上的困难等。不同性质的困难解决方法是不一样的，但是只要跨越过去了，对孩子来讲就是很好的成长。

比如，一个 6 岁的孩子学习游泳，孩子因为不能很好地憋气，总呛水而想要放弃。孩子会不会游泳关系不大，但如果因为这点儿小困难而放弃，孩子对游泳的体验就是失败和恐惧的。最重要的是，以后再遇到类似的情景，这些负面情绪就会出来干扰孩子的选择，久而久之，孩子就容易形成退缩性的消极人格。

父母面对这种情况，即使眼下不强求孩子重回泳池，以后也要让孩子再尝试去学习游泳。当孩子体验到在水中嬉戏的快乐时，他也会体验到战胜困难的快乐。今后，他再遇到困难就能积极地迎接挑战。

教养关键 05

手把手教孩子应对挫折

培养孩子的逆商，也就是抗挫折能力，对于 6 岁前的孩子来讲，主要包括两个方面。

1. 视“小挫折”而不见

摔个跟头孩子就大哭，不是孩子真的承受不住疼痛，而是心理没有承受住恐惧。如果视“小挫折”而不见，孩子也就自己挺过去了，他的心中就少了一分对挫折的惧怕情绪。所以，面对孩子能够克服的小挫折，父母最好“视而不见”。当孩子观察到父母的反应是很平常的，他也就当成平常事自己解决了。

但是，当孩子遇到了他的能力解决不了的困难时，父母就要帮助孩子了。否则，孩子可能因为屡受挫折的打击，痛苦的心理体验太多，而产生习得性无助，变得没有自信，形成畏惧、自卑、懦弱的性格，今后再遇到困难他就会逃避。

父母在帮助孩子的时候要注意不带有情绪，不谴责孩子，不表现出不耐烦，而是耐心地给孩子讲解。这样，孩子既学到了克服困难的方法，也有了战胜挫折而实现预期目标的良好体验，再遇到困难就能够努力克服而不放弃了。

2. 放大孩子的能力

孩子摔了跟头，若无其事地自己爬起来。事后，父母可以跟孩子交流一下摔跤的体验：“刚才摔倒的时候有点儿疼，但是爬起来也就不那么疼了，是吗?”如果孩子点点头，那么接下来父母就可以鼓励孩子：“自己站起来的时候，觉得摔个跟头没什么，对不对?”孩子还会点头的。这样父母就为孩子种下了坚强的种子。等孩子再摔跤的时候，他就不会觉得有什么了。

让孩子直面挫折，从反复体验中逐步认识到挫折的普遍性和客观性，由此真切地感受到做任何事情都有可能会遇到困难，而成功的喜悦恰恰来自于问题的解决，这样孩子就不怕挫折了。

在孩子成长的过程中，没有挫折，孩子就不会拥有战胜挫折的心理品质；而挫折过多、过大，则会使孩子产生强烈的受挫感，影响健康人格的发展。因此，父母要正确引导，使孩子能正视并战胜挫折，健康发展。

2~6岁，处理好孩子的“自我中心”

有位妈妈问心理专家：“我家宝贝太以自我为中心了，什么都得听她的！长大了不知道要多自私啊！这可怎么好?”心理专家问她：“宝宝几岁了?”她说：“差两个月就4岁了。”心理专家说：“不要这么紧张，这不是什么大问题。这是孩子长大必须要经历的阶段。没有这样的阶段，孩子就不能很好地长大。”听专家这么说，她眼睛睁得大大的，并含有一丝不信任：“真的吗?”专家说：“当然是真的了!”

于是，心理专家给这位妈妈解释了孩子为什么会出现“自我中心”，家长如何做，才不会使这种自私、任性、霸道、自满的倾向发展成孩子的人格因素。这位妈妈听完后，对孩子又充满了信心。

“自我中心”是认知发展的需要

什么是“自我中心”?“自我中心”一般是指把自己放在首位，遇事往往从自己的角度出发，不重视甚至完全不顾及别人的想法和情绪。这是一种不良的人格倾向，不利于一个人的生存与发展。大部分的父母都不希望自己的孩子是这个样子，但是对于2~6岁的孩子来讲，这却是自我发展的必经阶段。心理学家皮亚杰认为，2~6岁的孩子倾向于从自己的角度出发看待事物和进行思考，他们认为别人的思考和运作方式应该与自己的完全一致。因为孩子还没有意识到别人会有与自己完全不同的思考方式，所以皮亚杰把这个特点称为“自我中心”。

按照皮亚杰的认知发展理论观点，“自我中心”是个体心理发展的必经阶段。心理发展的每一阶段，都是由一种形式向另一种形式转变，即更高的形式代替了较低的形式。2~6岁的孩子自我意识发展的水平还较低，不能清楚地区分主体和客体的关系，常常以自己的需要和兴趣为中心观察世界，认为周围的人和事物都跟自己密切相关。他们往往从“自我”出发来进行行为选择和活动设计，而不考虑他人。面对物质分配的时候，他们会表现出强烈的占有欲，不管别人怎么样。具体来说，主要表现出以下几个特点。

1. 生理的“自我中心”

生理的“自我中心”指的是生理方面，比如，孩子饿了就要吃、困了就要睡、痛了就要哭等；他们喜欢吃的东西，是不许别人吃的；即使自己不吃，他们也不让别人吃；孩子不管是在什么地方，只要他感觉是安全的就能睡着，否则就会大哭。

2. 思维的“自我中心”

到了2岁的时候，孩子已经有了自我意识，能够明确地感受到自己和他人是不一样的。孩子认为，我的东西是属于我的，别人不能动。

2岁左右，孩子越来越清楚地意识到自己是与这个世界分离的，自我就这样不断地发展着。这个时候，他习惯于用“不”来回答别人或者反驳别人，这是孩子在意识上的自我与外界的分离，他要通过语言向他人表露。到了3岁左右，孩子的自我意识进一步发展，他们的“自我中心”仍然很强烈。例如，在自己的要求不能得到满足的情况下，哭着喊着要家长答应；有哪里不合自己的心意，就会发脾气，完全不顾别人的感受。

3. 社会的“自我中心”

孩子到了4岁，才能知道“我的”这个词的真正意义，能够与“你的”区分开来。但是家长不要因此就觉得孩子应该懂得分享了。其实，这个时候的孩子还是很自我。他们依旧不愿意与其他小朋友分享玩具，经常会因争抢玩具而打架，或因为别人碰到自己而做出不友好的举动等。

不管孩子的自我中心以哪种形式表现出来，父母都要认识到“自我”是这个年龄段的孩子特有的心理、行为特点，是他们“精神胚胎”发展的阶段性产物，也是未来发展的需要。父母尊重孩子的需要，孩子的自我才能很好地建立起来，才会顺利地发展成一个有自主意识、有判断能力、有意志品质的人格健全的孩子。

教养关键06

谨防“自我”发展为“自私”

虽然孩子必须要经历“自我中心”阶段，但是“以自我为中心”导致的“要尖”“出风头”“占有”会影响孩子的交往合作能力、自我控制能力，还会导致孩子任性、霸道，形成不良的心理品质。对于孩子认知的自我中心局限，皮亚杰认为可通过精心设计的“训练”加速其认知发展，使孩子早日解脱“自我中心”，发展出适宜社会交往的性格。

1. 适度满足孩子的需求

有的孩子有了什么需要就去抢别的小朋友的或哭着让父母买，这多是由于父母没有教会孩子怎么表达自己的需求，使孩子养成了这样的习惯。

其实，当孩子想要一件玩具或想吃一些好吃的等，都是很正当的需求，如果条件允许最好满足他，并告诉孩子："想要什么跟爸爸妈妈说！如果能做到，爸爸妈妈一定满足你！"这其实是在教会孩子表达自己的愿望，使他可以说出自己内心的真实想法，有利于发展孩子的自尊心。如果孩子的需求比较过分，家长就要耐心跟孩子讲为什么不给他买，以取得孩子的理解。这有利于培养孩子的理性，使他明白不合理的需求是不受欢迎的，也是不被重视的。

2. 引导孩子社会性的发展

父母要多带孩子参加集体活动。在与同伴的共处中，孩子会逐渐意识到别人会有与自己不同的想法，自己的意愿不是总会被别人接受，孩子会在相互的摩擦、碰撞中降低"自我中心"性。

在玩耍的过程中，父母要鼓励孩子与小朋友交换玩具、交换食物、互相帮助等。父母要让孩子了解，别人的玩具是别人的，一般都只能玩自己的玩具，如果想玩别人的玩具，要先征求玩具主人的意见：如果同意，就可以玩；如果不同意，是不可以硬抢的。

在家里，父母也可以为孩子创造条件，让他有机会跟别的小朋友一起游戏。在游戏中，孩子可以学会了解别人的需要，从而尊重别的小朋友的选择。在这期间，父母不要强迫孩子改变其"自我中心"状态，否则会给孩子带来人格发展的负面影响，例如，会使孩子产生压抑、退缩、不够自律等行为。

第 2 章

把握好我们的爱

——不滥不吝有原则

面对小小的生命，父母愿意倾尽所有去保护、去培养，但是有些父母却爱错了方式，不是滥了，就是吝了。当爱失去了理智、失去了水准、失去了尺度，就成了害，害得孩子不懂爱、不会爱、不知道规矩、不能够自主、不懂得创新，甚至不能够成长。为了避免不科学的爱弱化孩子的能力和心智，从孩子出生的那一天起，父母就要学习如何爱孩子。

幼时的安全感是人生的基础

有这样一个留守女孩，10岁了，却没有见过几次父母，一副楚楚可怜的样子。

有志愿者问女孩："你想爸爸妈妈吗？"

女孩说："想，一躺在床上就想，想着想着就哭了。我的衣服都是爷爷奶奶从集市上买的，不是红的就是绿的，穿出去显得很土。我羡慕同学们穿着流行、时尚的牛仔装！我做梦都想爸爸妈妈带我去商场买衣服……"

女孩的爸爸妈妈在外地做生意，家里经济条件比较优越。女孩一个月的零花钱相当于别人一家人的花销，是同学中的"富二代"，大家都羡慕她有钱花。

那个志愿者又问她："你想爸爸妈妈的时候，有没有向同学或朋友说过？"

女孩摇摇头："在他们眼里，我没有父母管很自由，想怎么玩怎么玩。所以他们不觉得我可怜，更不会同情我，我也不把他们当朋友。"

"但你并不想要现在的生活，是吗？"

"我感觉很孤单，有什么事情跟爷爷奶奶说，他们也听不懂，只好自己扛。有的时候，我努力想爸妈的样子，却怎么都想不起来！我真的觉得自己是被他们抛弃了！我恨他们！他们为了钱而不管我！他们越在电话中嘱咐我好好学习，我越不好好学习！我故意气他们！让他们失望！他们不爱我，我凭什么听他们的话！”

志愿者劝女孩说：“你父母在外面打拼很不容易，你要理解他们。他们也很想你。你耐心等他们回来吧！不要恨他们！”

但女孩孤单而冷漠的目光，透露出没有安全感的她就像一枚炸弹，随时可能毁掉自己乃至整家人的幸福。

后来，志愿者辗转把女孩的情况告诉了她的父母，希望他们尽快想办法和女儿生活在一起。于是，妈妈先回到了孩子身边，不久爸爸也把生意挪到了家乡，一家人终于团聚在一起了。因为女孩心中有对父母的恨，从心理上很排斥父母，所以女孩的父母花了很长时间和很多精力，并且很耐心地和她沟通，才使女孩逐渐变得阳光起来。

安全感影响孩子的一生

当下，不仅留守儿童缺少爱，有的父母因为忙碌，没有时间和孩子进行情感交流，使得这些孩子在情感上也很饥渴。

超超的父母都是商业精英，应酬比较多，待在家里的时间比较少。超超的生活起居由保姆料理，所以几天见不到父母对超超来讲是常有的事情。有一天，超超在电视剧里看到一个男孩为了引起父母的注意，故意把家里最值钱的一个瓷瓶打碎了。于是，他想到自己也做点儿什么事情，使父母关注自己。他先是把家里的电视机鼓捣坏了，可是爸爸妈妈什么都没说就买回了一台新的。超超见这招不灵，就想出一个馊主意：和校外的几个问题孩子去偷自行车！

一旦孩子感受不到父母的爱，最初会想办法吸引父母的注意，争取父母的爱。如果这一招没有效果，他们可能就会自暴自弃，做些让父母不高兴，甚至犯法的事情，以让父母伤心的形式去报复父母的冷落。

心理学家威廉·杰姆士说过，在人的所有情绪中，最强烈的莫过于渴望被人重视。不管父母多么忙碌，都不能忘记自己为人父母的身份，要适当关注孩子、陪伴孩子，了解孩子的所思所想，帮助孩子解答生活和学习上的问题。当感到自己是被父母重视的，孩子的内心就会很满足，也会很懂事。

情感上获得满足的孩子，即使父母有时候顾不上他们，他们也不会产生父母不爱自己的心理。他们懂得父母是为了改善生活而挣钱，有时不得不牺牲和自己在一起的时间。为了让父母轻松些，他们甚至会帮助父母去做一些事。

苏联革命家捷尔任斯基说："孩子最喜欢爱他的人，也只有爱才能培养他。当孩子看到并感觉到父母对自己的爱时，他会努力听话，不惹父母生气。"因此，父母给孩子的感觉如果是"不爱"，那么他们就会不听话，就会去做父母反对的事情。

教养关键 01

多给孩子安全感

安全感是指一个人在社会生活中有稳定的、不害怕的感觉。安全感强的人具备较高的自我认同和接纳，而缺乏安全感的人往往隐藏着强烈的自卑和敌对情绪。所以，孩子是否从小建立了足够的安全感决定着他的人格是否健康、人生能否幸福。

1. 创造有爱的亲子生活

化学家李远哲说，爱比原子弹更有威力。怎么爱孩子，父母一定要心中有数。孩子出生后的头三年，父母要尽可能地陪在他身边，照顾他的饮食起居，倾听他的快乐和烦恼，和他一起玩耍、游戏、旅行、面对困难。如果妈妈对孩子进行母乳喂养，亲子关系会更和谐。

那些性格孤僻、逆反、自卑的人，很有可能就是在小的时候没有享受到来自父母的充足的爱，情感依赖需要没有获得满足。孩子没有安全感，就难以建立起对他人、对社会的信任感，就会觉得这个世界是不友好的。每天生活在惶恐中的孩子，容易发生性格缺陷，生长发育差，言语、动作发育迟缓，智力和非智力因素，特别是情商落后于被爱满足的孩子。那些要离开孩子的父母，一定要三思而行，实在没有办法就尽可能地留一个人陪伴孩子或者选择亲近的养育者陪伴孩子，满足孩子的情感依赖需要。

2. 向孩子表达爱

有的父母很爱孩子，可是不懂得怎么向孩子表达，张口就对孩子说："我为你吃苦受累，花了那么多钱，你成绩还这么糟！我都感到丢人！""长大了，你可要孝顺我！我养大你可真不容易！腰累细了不说，操心操得头发都白了。"孩子听了这些话，会觉得父母养大自己受累了，父母很不情愿养大自己，自己不值得父母爱。

如果父母温柔地对孩子说："哦，宝贝，妈妈爱你！你肯努力，妈妈就为你高兴！""我家宝贝能自己去上学了，知道心疼妈妈了！""宝贝，你是爸爸妈妈在这个世上最亲的人！"孩子听了这些话，会觉得父母确实是爱自己的，自己值得父母爱，就会珍惜自己的生命，好好成长。

父母向孩子表达爱的方式有很多，除了上面谈到的语言表达，还可以通过表情、手势、动作等。父母的微笑、亲吻、拥抱、握手等行为，对孩子心灵的温暖，有的时候甚至胜过语言的表达，让孩子更深切地体会到父母的爱。

喂养方式影响孩子的心智

云云妈生完云云以后，身体恢复得很好，奶水也足，所以云云的妈妈坚持用母乳喂养自己的宝宝。现在，云云已经有4个月大了，与同龄的孩子相比，发育状况优良，是一个既强壮又漂亮的小孩。

妈妈每次带云云去公园里晒太阳，都会引起小“轰动”。大家一看到云云就会忍不住逗逗他，夸他好看。这次也不例外，云云一出现，就吸引了所有在公园遛弯的人。大家都问云云妈怎么把云云养得这么好，云云妈说：“我其实也没怎么特意地照顾云云。孩子饿了，我就给他喂母乳。现在孩子还小，等半岁了，我再给他添加辅食。”

“母乳喂养好吗？你不怕乳房下垂吗？而且现在配方奶营养全，也省事，为什么不喂奶粉呢？”一位年轻的孕妇问，“我一想到以后生完孩子身材会走样就发愁。”

云云妈一听就笑了：“这你就不用担心了，母乳喂养不仅不会使身材走样，还利于产妇恢复体形呢！至于吃奶粉的问题，我的一个同事就因为奶水不足，只好喂奶粉。现在，她的宝宝就没有云云发育得好，还老爱生病。而且她的宝宝拉的屎也很臭，平时清理的时候会很‘痛苦’。”

“这样啊，看来我也要考虑给宝宝喂母乳了！”

云云妈说得一点儿都没错！不管是牛初乳，还是配方奶粉，对孩子的生长发育来讲，都比不上妈妈的乳汁。因为乳汁不仅营养安全，而且还能够让孩子感受到妈妈的爱。

母乳抚慰孩子的身心

母乳喂养的好处绝不仅仅是孩子吃起来方便、营养丰富，更是为孩子打下一生幸福基础的、爱的表达方式。

1. 母乳所含营养更全面

母乳营养丰富，含有婴儿生长发育所需要的全部营养，而且营养配比得刚刚好，有利于孩子吸收。用母乳喂养既不必担心营养不够，也不用操心营养过剩导致宝宝消化系统负担过重。

母乳中含有多种抗感染因子，如免疫球蛋白、溶菌素、免疫调节因子等。这些元素可以有效减少子代感染疾病，特别是呼吸系统及肠道系统疾病，并促进子代胃肠道和神经系统发育。而这些元素不是婴儿配方奶粉和牛乳所能拥有的。

专家介绍说，早期母乳喂养的最大作用之一就是预防传染性疾病，特别是腹泻和呼吸道感染。在发展中国家，非母乳喂养的新生儿第一年的死亡率相当高，而母乳喂养的新生儿中患传染性疾病特别是腹泻的非常少见。母乳喂养还能使一些免疫相关性疾病，如哮喘、糖尿病、肠功能紊乱等的发病率降低，婴儿长大后患高血压、过敏和肥胖症的可能性也较低。同时，早期纯母乳喂养还能降低母亲患糖尿病、乳腺癌和卵巢癌的风险。

2. 母乳喂养传递爱

母乳喂养与婴儿的人格发展、亲子关系的培养有着极密切的关系。宝宝出生后，妈妈和孩子之间最直接、最重要、最及时的爱的连接方式之一就是母乳喂养。在哺乳时，婴儿口腔与母体接触，会让婴儿有安全感、舒适感和幸福感，所以说母乳喂养的过程满足了孩子对爱的需求。

妈妈选择母乳喂养的好处，不仅限于母乳更利于孩子的身体健康，还在于母乳喂养方式有助于孩子建立对妈妈的信任。哺乳的时候，妈妈用手环抱着孩子，让孩子的头部紧贴妈妈的胸口，使孩子嘴里含着奶头，眼睛注视着妈妈，而妈妈则用温暖、专注的眼神回应孩子，并不停地抚摸他。孩子感受到了爱，对温暖、安全的需求得到了满足，缓解了孩子与生俱来的对生命的紧张感，增强了他生活在这个世界上的信心。

孩子玩累了、渴了、饿了、想睡了、烦躁了、苦恼了、委屈了、不舒服了，妈妈都可以用母乳来安慰他。这种安慰方式能够及时缓解孩子的情绪，他会觉得妈妈理解自己、很在意自己，同时他也会很在意妈妈。

母乳喂养的过程对孩子来讲是一种被妈妈爱、接纳、包容的体验，这种美好的感觉会随着乳汁的流淌传递到孩子的潜意识，让他的人格里面有了安全、开放、温暖的因素。而有的没有经过母乳喂养的孩子，在长大后，如果引导不当，很容易在交往、人格等方面出现问题。

有研究证实，孩子出生后，对这个陌生的世界是有着很大的惊恐的。而吸吮动作对于一个飞速成长的孩子来说，是一种必需的镇静剂，能让他的内心更踏实。因此，父母一定要重视母乳喂养。

教养关键 02

母乳喂养的相关知识

新妈妈面对身体软软的新生儿，可能会不知道如何喂养，或者有些手忙脚乱。这个时候，妈妈要给自己打气，既然顺利地孕育了孩子，如果没有特殊原因，就一定有能力进行母乳喂养。下面就介绍一些基本的母乳喂养知识。

1. 注意喂养的姿势

最好采用摇篮式抱法，即妈妈将一手的拇指和其余四指分别放在乳房的上、下方，并把乳房托起成直锥形，身体略向前倾，用另一只手的手掌根部托起婴儿颈背部，四指支撑婴儿头部。这种喂养姿势有利于孩子的自然吮吸。妈妈还要特别注意，喂母乳时无论白天和夜间都要把孩子抱起来喂。

正常的母乳喂养可以给孩子的颌骨带来一定的功能性刺激，促进其上下颌骨的正常发育。广州医学院口腔医院正畸科主任兰泽栋指出，如果妈妈的喂养姿势不对就可能会对孩子的上下颌骨发育起到反作用。比如，在喂养时，孩子的下巴过度向前伸，很可能会使下巴向前过度发育，从而发展成“地包天”。发现这种情况后，父母应及时带孩子就医治疗。

2. 吃完母乳是否喂水

对于出生 4 个月以内、采用母乳喂养的孩子，如果妈妈勤喝水、饭后多喝汤、适当多吃新鲜的蔬菜和水果，母乳中的水分充足，孩子出汗不多，天气不十分干燥就不需要再让孩子额外喝水了。如果孩子很爱出汗、家里非常闷热、通风不利，或妈妈本身就不爱喝水，那么就要考虑适当给孩子喝水。

一般情况下，如果过早、过多地给孩子喂水，会抑制他的吮吸能力，使他从母亲乳房主动吮吸的乳汁量减少。这不仅对孩子的成长不利，还会间接造成母乳的分泌量减少。

但是，在病理情况下的孩子，如高烧、腹泻等，是比较容易出现缺水现象的。这时就需要额外喂些温开水，以补充孩子体内水分的不足。

3. 如何科学断奶

母乳喂养的时间最好坚持到孩子 1 岁左右，但断奶的时间最好不要选在夏天。在夏天，孩子的胃口本来就不好，很容易因胃肠对食物的不适应而发生呕吐或腹泻。此外，也不要在孩子生病的时候断奶，如感冒、腹泻等，这无形中会加重病情和孩子的痛苦。

只要有了给孩子断奶的打算，就要当机立断，不要采用循序渐进、慢慢断的方式，也不要因为孩子一时哭闹就下不了决心。其实，只要坚持两三天孩子就可以成功断奶了。断奶期间，妈妈可找他人，比如找家里的老人，帮忙带上两三天，这样孩子想吃的时候见不着妈妈，也就不想母乳了。

面对小婴儿，用抚触传递爱

朋友生孩子的时候住的是母婴同室的病房，本希望通过和孩子一起的日子促进他的健康和自己的康复。可是孩子出生后，总是哭，搞得朋友很苦恼。护士告诉朋友，小家伙刚刚脱离母体，不适应眼下的环境才会有这么大的反应。然后护士就轻轻地按摩他，小家伙便奇迹般地慢慢安静下来，不一会儿就舒舒服服地睡着了。

于是，朋友从护士那里学会了怎么对孩子进行抚触，而且每天坚持。孩子3个月的时候，朋友让他趴着，他顺势就翻过去了，动作非常灵活自然，而同龄的没有做过抚触的孩子就显得迟缓得多。

看到这里，有些父母不禁会问，抚触对宝宝的成长真的有这么大的促进作用吗？除此以外，它还有别的作用吗？下面，就来具体地看一下抚触的作用与方法。

抚触，生命发展的需要

触觉是胎儿最早的感觉之一，而胎儿最早习惯的感觉也是触觉：来自母亲子宫和羊水的包裹使胎儿感受到了触摸，并且已经习惯这种温暖的抚触；母体分娩的时候，胎儿经过产道的挤压也充分感受了触觉的刺激。这些既是孩子生命产生的过程，又是他生命进程中不可缺少的生理需求和心理依赖，还是新生儿与母亲之间的很重要的一个连接，即母婴连接。这是建立孩子与父母之间亲情和紧密关系最重要的情感基础。

1. 抚触促进生长发育

抚触的时候，妈妈的爱通过皮肤这个感受器传递到孩子的神经系统中枢，这会使孩子的身体分泌出一种神经递质，促进其智能及体能等全面发育。

中国福利会国际和平妇幼保健院对早产儿进行了婴儿抚触治疗后发现，经过抚触的早产儿身长和体重增长明显高于一般水平。专家指出，抚触可使婴儿体内生长激素释放增加，所以即使摄入的热量相同，接受抚触的早产儿也会增加更多的体重。此外，抚触还能促进肠胃激素的释放，使婴儿的消化吸收能力增强，这也会让早产儿的身长和体重迅速增加。

2. 抚触让孩子感到被爱

胎儿从母体出来，感到原来所熟悉的温暖空间突然消失，他与这个世界的连接还没有建立起来，会因为陌生、孤立而不安、恐惧、焦虑。妈妈的抚触是和孩子的一种良好的情感交流，妈妈通过这种方式向孩子传达了爱，而孩子从妈妈的动作中感受到安心和愉悦，觉得自己是被这个世界喜爱的，以此增加了孩子的生命活力。

由于抚触，大大降低了孩子的焦虑情绪，所以孩子会慢慢地建立起安全感，进而他应付外界环境压力的能力就大大增强了。所以说，抚触是直抵孩子心灵的爱的语言。

教养关键 03

如何进行抚触

从孩子出生的第二天起，就可以给他进行抚触，不必担心孩子太小。

妈妈是最理想的抚触者，其次为其他家人。当下，专门的抚触机构有很多，有些父母觉得那里更专业，而选择带宝宝去专业机构接受抚触。有关专家曾多次强调，抚触最主要的作用是“爱的传递”，是父母与孩子之间富有爱心的身体语言交流，这些是专业机构所不及的，所以抚触最好由父母来操作。

抚触要保持每天一次，最佳时间为喂奶 1 小时后，一般持续 15~20 分钟，孩子累时或是哭泣时可停止。如果孩子表现出快乐的样子，妈妈可把抚触时间适当延长，但不能超过 30 分钟。当孩子不配合妈妈时，应该马上让他休息。

具体来说，抚触需要注意以下几方面。

1. 房间温度要保持在 25℃左右，还要保持一定湿度，千万不要让孩子着凉。另外，还要营造一个温暖、舒适安静、清洁的环境，可以播放一些轻柔的音乐，使氛围轻松愉悦。

2. 最方便做抚触的时间是在孩子沐浴后，不要在孩子吃得不饱或过饱的时候进行抚触，否则在抚触时容易造成孩子腹部不舒服。

3. 在做抚触前，妈妈应先温暖双手，倒一些婴儿润肤油在掌心，但注意不要将油直接倒在孩子的皮肤上。妈妈双手涂上足够的润肤油，轻轻在孩子肌肤上滑动，然后逐渐增加压力，让孩子慢慢适应抚触。

抚触没有固定动作，程序性也不强，妈妈可以根据孩子当时的情绪状态变换动作，但要以适应孩子高兴的状态为原则。

1. 头部按摩：轻轻按摩孩子头部，并用拇指在孩子上唇画笑脸，再用同一方法画下唇。

2. 胸部按摩：双手放在孩子两侧肋线，右手向上滑向孩子右肩，再复原。左手以同样方法进行。

3. 腹部按摩：按顺时针方向轻轻按摩孩子腹部，但在脐痂未脱落前不要按摩。

4. 背部按摩：双手平放在孩子背部，从颈向下按摩，用指尖轻轻按摩脊柱两边的肌肉，然后再重复一次。

5. 上肢按摩：将孩子双手放在身体的两侧，先用一只手握住其左上臂，由上到下轻轻按摩，然后用手指按摩手腕。再用同样方法按摩右侧。

6. 下肢按摩：依次按摩孩子的大腿、膝部、小腿及脚踝。然后在确保脚踝不受伤害的前提下，用拇指从脚后跟按摩至脚趾。

孩子能爬会走以后，身体各个部分接受的刺激更多了，和妈妈爱的互动也更多了。此时，不要停止抚触，但是可以根据孩子的需要调整抚触时间的长短。

延迟满足，要看孩子年龄

乔乔2岁了，非常喜欢吃小西红柿，妈妈每次都让他吃个够。有一天，乔乔妈看到朋友的孩子吃东西特别有节制。朋友说："让阿姨先拿一个橘子，然后你再拿！"那孩子已经举起来的手就放下了，等着乔乔妈拿完后才拿了一个小橘子自己剥着吃。吃完一个后，这个孩子又吃了一个。朋友看他还有想吃的意思，就对他说："儿子，橘子一下子吃多了容易上火，咱今天就不吃了啊！"这个孩子点点头，就开心地玩儿去了。

朋友很开心地说："平时我贪嘴想多吃一个，他就冲我喊'妈妈，吃多了上火'，然后就把盘子端走了！非常可爱！"

乔乔妈回来后，觉得也该培养一下孩子的自我控制能力。于是，在乔乔吃小西红柿的时候，妈妈只让他吃10个，再要也不给了。第一次乔乔有点儿控制不住，妈妈多给了几个。第二次，妈妈干脆把洗好的小西红柿先藏起来，只拿出来10个让乔乔吃。因为就这么多，乔乔吃完就没闹。以后妈妈每次只给乔乔10个，以此来培养乔乔的自控力。

有一次，乔乔和妈妈去姥姥家。妈妈去外边采购，乔乔和姥姥在家里玩儿。妈妈回来的时候，乔乔正在吃小西红柿。姥姥说：

“你管孩子也太紧了，连西红柿都不让孩子尽情地吃!”乔乔一边吃一边说:“姥姥，我以后还要吃!”妈妈看着儿子那副“贪婪”的样子，心想自己的孩子怎么就这么难管教呢?

道理很简单，通过延迟满足的方式培养孩子的自我控制能力，要在适当的年龄进行。

3岁前，不要延迟满足孩子

父母都希望自己的孩子将来能够平安、幸福地生活在这个世界上，但是当下的社会环境变得越来越复杂，意识形态日趋多元、多变，孩子受到的影响也越来越复杂。因此，要想孩子很好地生活在这个世界上，孩子的自我控制能力就显得非常重要了。

一个自我控制能力强的人，会具有较强的坚持力、毅力、耐挫力，面对外界的诱惑，能够权衡利弊后作出正确的选择，遇到困难、挫折能够勇于面对。但是，有的家庭给孩子创造了“要什么有什么”的环境，这自然会使孩子对欲望的控制能力下降。于是，有些家长开始有意识地延迟满足孩子的需要，以此希望培养孩子具有较强的控制欲望的能力。

发展心理学研究中有一个经典的实验，称为“迟延满足”实验。实验者发给被试儿童每人一颗好吃的软糖，同时告诉他们：如果马上吃，就只能吃到这一颗；如果等20分钟后再吃，就会再被奖励一颗。有的孩子急不可待，把糖马上吃掉了；有的孩子则耐住性子，闭上眼睛或头枕双臂做睡觉状；也有的孩子用自言自语或唱歌来转移注意力，以克制自己的欲望。

研究人员在十几年以后再考察当年那些孩子现在的情况时发现，那些能够为获得更多的软糖而等待的孩子，要比那些缺乏耐心的孩子更容易获得成功，他们的学习成绩要相对好一些。在接下来的几十年的跟踪观察中，研究者发现有耐心的孩子在事业上的表现也较为出色。这个实验表明，延迟满足能力越强，越容易取得成功。

所谓延迟满足，简单来说就是能够克服自己的欲望，来求得更长远的目标，而不是想到什么就要什么。任何成功都不是一蹴而就的，都有一个发展的过程，所以自控能力强的孩子更能够坚持到美好结局的到来。

可是，延迟满足不适合 3 岁以前的孩子。3 岁以前，如果父母延迟满足孩子的需要，可能会让孩子觉得妈妈不够爱他，才不满足他的需要。这样受挫折的感觉，会影响孩子安全感和自信心的建立。特别是 1 岁前的孩子，还没有觉察到自己是独立于外界的，这个时候正是和妈妈建立安全依恋关系的阶段，如果总是延迟满足孩子，延迟的感觉会让孩子觉得这个世界不是友爱的，从而影响安全感的建立。

所以，不管延迟满足多么有利于孩子自我控制能力的建立，父母都要等到孩子 3 岁以后再施行延迟满足训练。

教养关键 04

3 岁后，如何延迟满足孩子

在实施的过程中，延迟满足并不是一件简单的事情，把握不住要领，很难收到良好的效果。以下几个方面是一定要注意的。

1. 要有正确的立场

有的父母为了延迟满足，不管孩子要求合理不合理，都要拖延一会儿。换位思考一下，如果我们自己有了合理的要求，却被人拖延，是不是要闹情绪？更何况控制能力和理解能力都不强的孩子呢？而且 6 岁前的孩子，他的需要除了吃就是玩，这些本来就是孩子的生活内容，合理的占多数。如果不计后果地一味延迟满足，会打击孩子对合理事情的向往。

比如，孩子渴了要喝水，就要满足孩子。但孩子每10分钟要求喝一次水，喝的时候吐着玩，就不合理，父母就要告诉孩子："你已经不渴了，妈妈不能给你水喝了。如果要喝，也要等到半小时以后。"延迟满足是否利于培养孩子控制自己欲望的能力，要看孩子提出的这个要求与当时的处境是否冲突，是否带来不良影响。如果没有这些负面影响，就要遵循孩子的天性，尽量满足。

2. 拖延的时间要科学

延迟满足孩子的时间，不能随心情来，要根据具体情况来确定。比如，孩子渴了，妈妈没时间，可以等几分钟再满足孩子。如果孩子要大便，妈妈无论如何都要放下自己的事情，来满足孩子。一般情况，小事情拖延几分钟，大事情可以根据情况拖延几天、几个月等，但要跟孩子讲明理由。

父母立场坚定、态度温和，孩子易于接受，不会反感。孩子从父母温和、诚恳的话语里，感受到的是父母对他意见的尊重，以及父母眼下的无奈，内心对父母的爱就被激活了，当然就不会捣乱了。

漠视“让孩子赢在起跑线上”

一天，一位编辑跟我约稿，说让我写一篇关于孩子兴趣发展和特长培养的文章。因为她的孩子马上就要3岁了，她正急着找兴趣班，她想其他的家长一定也有这方面的困惑，所以让我写写这方面的文章，以帮助家长正确地选择特长班。一听这话，我当时就拒绝了。我是不赞成孩子这么小就学特长的，即使要学，也应该轻轻松松地学。这么早就剥夺孩子玩耍的权利，对孩子的成长是不利的。

拒绝种种不科学的“赢法”

有的父母受一个“赢”字的诱惑，紧紧地抓住学前教育这段时间，在“别让孩子输在起跑线”上的考虑下，把孩子送进了早教班、特长班。他们为了让孩子早学、多学，大大剥夺了孩子自由玩耍的时间。

当孩子哭哭啼啼不愿意学的时候，有的父母虽然不忍心孩子这么辛苦，但是一看到周围的同事、朋友都在这么做，也就带上孩子报名去了。

“为孩子好”“别人都这样，我们不这样，成吗”等，成了部分父母带孩子去上培训班的理由。其实，这其中不乏有些父母是为了自己的面子，担心孩子落后会使他们脸上无光。即便他们搞不明白孩子这个时候去学习好不好，学的东西是否利于成长，他们觉得只要带着孩子学了，就算起到教育孩子的目的了，孩子也就没有落后于他人。

殊不知，太早上培训班，会透支孩子的能量，使孩子的成长后劲不足。如果在上兴趣班的过程中，哪个具体环节处理不好，还有可能会让孩子在不适当的时候体验到挫败感，大大影响自信心的建立。这样无疑会影响孩子健全人格的形成。

当父母领着孩子去学他不感兴趣、不擅长的课程时，即使孩子迫于压力努力去做，却仍可能会产生某种负面的情绪。这种情绪就是恨，恨父母、恨老师，并从对这件事的恨迁移到上学后对学习的恨。

孩子如果做不好，还会产生挫败感，因为两三岁是孩子构建自我的关键时期，这个时候，他需要体验成功获得自信，才能形成健全的人格。如果孩子总是生活在挫败中，人格特征里自卑、懦弱的成分就会增多，性格就不会是积极向上的，而是消极悲观的。

教养关键 05

为孩子的一生打好底色

民国时期著名教育家朱庆澜先生曾把一个人从出生到 6 岁入学前、入学读书、离开学校走上社会这三个阶段，形象地比喻为“三道染缸”。他说：“小孩子生下来，好似雪白的丝。在家里生活 6 年，好似第一道染缸。家里 6 年教得好，养得好，好似白丝染成红底子。到了进学堂，再得好先生，就将那红红的底子好好加上一层，自然变成了大红。到了世界（社会）上，哪怕遇着坏朋友，坏染缸，想把他变成黑色，他那大红的底子，一时总不得变的。”

“如果再遇上好朋友、好染缸，不用说，自然变成真正的朱红，头等的好人了。万一在家里6年，教的法子、养的法子不好，比如白丝一下缸已经染成黑底子，进了学堂，就有好先生，想把他变成红色，那黑底子总是难退得去。就是勉强替他加上一层红色，仍旧是个半红半黑的。如果学生再遇着不热心的先生，到了世界上，再遇着坏朋友、坏染缸，将黑底子一层一层加上黑色，自然变成永不退色的黑青，永不回头的坏蛋了。”

那么，父母该如何给孩子打好底色呢？

1. 不着急学知识、学特长

著名教育家叶圣陶说：“教育是农业，而不是工业。”养育孩子需要的是精心的侍弄，而不是工业化的批量生产。工业化的培养方式笼统、程序化，是养育不出富有创新精神、思维活跃的人才的。

从开始孕育孩子的那一刻起，父母就企盼着孩子能够成才。但父母要明白一个道理：生命有着不可忽视的自然规律，你遵循它，生命便得以兴旺；你违背它，生命便枯萎早衰。因此，对于6岁前的孩子，父母要多给孩子提供长见识的机会，而不是禁锢在学习技能上。

单单学习知识和特长，也许能让孩了某方面的技能提升，但是孩子的心理发展可能就会滞后，从而影响孩子形成健全的人格。玩要、游戏、旅游、会客等增长孩子见识的活动能够促使孩子身心的全面发展，唤醒其身体的各项机能，开发智力，促进孩子的社会化发展。

家长要多带孩子走出家门，去小区公园、郊外、田野、海边、森林等，那里有各种各样的动植物和自然风景，可以拓展孩子想象的空间，促进孩子的自然成长。

2. 了解孩子的需要

父母想要教育好孩子，就要按照孩子的心理特点、成长规律来养育孩子，去发现孩子的个性，帮助他形成稳定的品质。要做到这些，最基本的一项就是了解孩子的基本需要并满足，这样孩子才会不断产生更高级的需要，使自己的人格一步步走向更高点。

美国心理学家马斯洛的需要层次理论认为，人有 7 种基本需要，即生理需要、安全需要、爱与归属的需要、尊重需要、求知需要、美的需要与自我实现需要，而一个人只有低级需要得到部分满足后才会寻求高级需要的满足。前 4 种需要属于缺失需要，后 3 种需要属于成长需要。从健康的角度来讲，人将这些生理条件或社会条件维持在一种相对稳定的、自我平衡的状态，才能很好地发展自己。

孩子小的时候，足够的玩耍和游戏，可以使他得到全面的成长。在玩耍中，孩子的想象力、创造力、观察力、感知力得到了锻炼，并提升了智能，发展了动手能力。

父母除了给孩子提供一些能够促进动手能力的玩具，还要多带孩子接触外面的世界，让他感受四季的变化，增长生活的知识。

教育仿佛长跑，拼的是耐力，而不是速度，所以求快求先的做法并不适合孩子。6 岁以前，让孩子自由自在地感知身边的世界，才能使他储存下一生需要的能量。

处理好孩子的分离焦虑

1岁前的孩子会因为妈妈要去上班而大哭不止。刚上幼儿园的孩子从熟悉的家庭环境进入到陌生的集体环境，会有很多不适应。我们常能在幼儿园门口见到孩子抱住爸爸妈妈的腿不放，哭得让人心疼。

以上表现都属于分离焦虑。这也会让父母们十分焦虑，担心孩子因为见不到父母而哭闹、生病，担心孩子因为内心焦虑而吃不好睡不好、影响生长发育。

为了让父母们安心，孩子健康快乐成长，下面就让我们一起来了解分离焦虑，并学习如何处理好与孩子分离的问题。

看清让孩子产生分离焦虑的原因

焦虑是指缺乏明显客观原因的内心不安或无根据的恐惧，是人们遇到某些事情如挑战、困难或危险时出现的一种正常的情绪反应。有了焦虑情绪后，人除了会产生担忧、紧张、不安、恐惧、不愉快等综合情绪体验，还常常伴有明显的生理变化，如血液内肾上腺素浓度增加、心悸、血压升高、呼吸加深加快、肌张力降低、皮肤苍白、失眠、尿频、腹泻，等等。所以说，焦虑情绪是非常危害身体健康的，对于还不会情绪调节的孩子来讲伤害就更大更深了。

孩子要面对的最早的分离焦虑是来自与妈妈等养育者的分离。所谓分离焦虑，就是指孩子离开父母或亲密的照顾者时所出现的负面情绪，比如，紧张、不安、沮丧、闷闷不乐，或者特别黏人、爱哭、固执等。孩子出现这样的情绪，就是希望照顾者能留在身边，或者留在熟悉的环境里。

1. 不希望离开妈妈

一般来说，孩子的分离焦虑在6~8个月时出现，通常在1~1岁半时会比较严重。孩子因为几乎没有时间概念，因此不知道妈妈什么时候或会不会回来。当妈妈离开后，孩子看不到妈妈会很紧张。这个时候，孩子已经知道了妈妈离开后就不能偎依在妈妈的怀抱，于是就会非常警觉，一旦发现妈妈有离开的动向，就会通过哭泣、黏住妈妈、双臂够向妈妈等方式表达自己不想让妈妈离开的愿望。不过，随着孩子的长大，分离次数的增多，他开始理解妈妈离开后经过一段时间就能再次见面，而且孩子对妈妈存在的安全感，对环境和自我状态的掌握越来越有信心，分离焦虑的状况就会逐渐改善。

2. 不想进入陌生环境

孩子对妈妈等养育者的依恋到了2岁就会大大降低，可是到了入园年龄，孩子因为环境的改变又会引发另一次的分离焦虑。这次分离对孩子情绪的震荡也很大，因为对孩子来讲，这是第一次进入一个全新的环境去生活，孩子选择拒绝和逃避也是一种自我保护。

以上是幼儿阶段最为常见的几种分离形式，是每个家庭到了一定的阶段都要经历的。面对这样的分离，父母如何做才不至于让因为分离产生的焦虑伤害到孩子呢？

教养关键 06

巧妙地帮孩子减少焦虑

父母懂得的养育知识越充分、越科学，在教育孩子的时候越得心应手。在新生儿阶段有一个很重要的连接，叫作母婴连接，是建立孩子与父母之间亲情和紧密关系最重要的情感基础。胎儿从母体出来后，会体验到强烈的分离焦虑。妈妈的爱抚以及母乳的喂养可以消除这种恐惧，让他跟母亲建立起紧密的情感联系，以此大幅降低分离性焦虑，逐步恢复安全感。

随着被妈妈照顾的日子越来越多，孩子的依恋情感就会建立在妈妈身上。这种情况持续一到两年，孩子的安全感就会很好地建立起来。安全感建立得越好的孩子，分离焦虑对他的伤害也就越少。因为在孩子的潜意识里，这个世界是可信的，他相信父母是爱他的，绝不会丢下他，所以在经历了几次分离后，他就会明白妈妈离开后是会回来的，反应就没有那么强烈了。

不过即使孩子安全感建立得比较好，妈妈也要讲究一些技巧，来减轻分离焦虑对孩子的伤害，更重要的是，要让孩子学会如何调节情绪。

1. 父母首先要淡定

有些孩子的焦虑其实没有那么严重，但是看到爸爸妈妈脸上的焦急神情后，他们的焦虑就变得严重了，所以父母首先要淡定。

第一，孩子哭闹时，父母脸上不要流露出痛苦、同情、可怜、紧张的表情，更不要上前安慰或者责怪他。

比如，送孩子去幼儿园时，父母越是表现出对孩子不舍，越让孩子觉得上幼儿园不是什么好事。于是，孩子对陌生环境的警惕就更加强烈，稍微有一些不适应，敌对情绪就形成了，导致孩子下次再上幼儿园时就会哭闹和反抗。

父母更不能因为孩子求情、哭闹而不让孩子去幼儿园。要知道，孩子的成长就是一个社会化的过程。在成长期间，孩子要形成适应社会的人格并掌握社会认可的行为方式，克服自身的畏难情绪。而走入幼儿园这个集体，是一个很重要的过程，决定着孩子能否打下适应社会的人格基础。

第二，父母果断离开。不管是去上班还是送孩子上幼儿园，父母要果断地离开孩子，或者把孩子的注意力引到别的地方去。

比如，在幼儿园里，可以用不哭不闹的小朋友、好玩的玩具、漂亮的老师来吸引孩子的注意力，帮助孩子认识幼儿园里的美好事物，有助于培养孩子对幼儿园的喜爱之情，消除不良情绪。

2. 鼓励孩子交朋友

如果孩子有熟悉的朋友，当父母离开的时候，就可以让孩子跟朋友一起玩。孩子的感情有了寄托，也就会有安全感。所以，父母离开之前，可以先让孩子的朋友来家里做客，以此吸引孩子的注意力，减轻分离焦虑。

至于上幼儿园的孩子，为避免分离焦虑，父母也可以通过让孩子交朋友的办法来使他适应环境。当感到环境不再那么陌生了，孩子也就没有了恐惧。幼儿园里的布置一般都很有趣、温馨，父母鼓励孩子和小伙伴玩，孩子自然而然就能消除陌生感，从而减少分离焦虑。

正确引导内向型孩子

阳阳是一个非常漂亮的小女孩，白如雪的肌肤、大大的眼睛，只是平时很不爱说话。家人怎么教，她都不喊人。她5岁的时候，街坊有位奶奶忍不住在阳阳的脸上亲了一口，阳阳当即大哭起来，搞得人家很没面子。和家人出去，看到小朋友跑过来或者小狗等宠物靠近，阳阳就会转到大人身后，或者嚷嚷着让父母抱她。在幼儿园里，她喜欢一个人独处，自己玩自己的，从不主动地和其他孩子一起做游戏、玩耍。

阳阳的妈妈曾经找到我，说孩子性格太内向了，跟她说点儿什么，都得耗费半天时间，心里有想法也不会表达！这样的孩子长大了怎么在这个世界上生活呢？

理解内向的孩子

像阳阳这样的孩子，喜欢独处，走进人群会令他们无所适从。他们怯懦而不自信，常常一副沉默寡言的样子，一见人就脸红，不知道说什么。安东尼·罗宾说："影响我们人生的绝不是环境，也不是遭遇，而是我们的性格。”所以这样的孩子由于适应环境的能力差，将来走上社会可能会遇到更多困难。

于是，有的父母会觉得内向是一种性格缺陷，孩子内向就意味着比别人差。其实不是，内向只是人的一种个性特征，它与其他性格的不同仅体现在与人交际和活动上，与害羞或孤僻的人格特征不同，与疾病、善恶无关，更不能因此决定孩子未来的成功与失败。

相反，内向的孩子具有很多成功者必备的特质。比如，沉稳踏实、喜欢思考、善于钻研、耐心谨慎、自制力强等，都是内向性格的鲜明特征。

美国的一项专业调查显示，虽然内向者仅占总人口的30%，但内向者在政界、学界、军界以及商界高层中占的比重却要稍高于外向者。由此可见，内向并不是失败的代名词。爱因斯坦就是一位性格内向的人。幼年时，他举止缓慢，不爱同人交往，长大后却成了震惊世界的科学家。

内向的孩子也能摘取属于自己的成功桂冠，父母越是相信这一点，并顺着孩子的天性培养他，孩子越能取得成功。如果家长以异样的眼光看待内向孩子，孩子很可能在家长的“歧视”下沦为平庸甚至无能的人。

教养关键07

不要粗暴地改变内向孩子

既然内向孩子有内向孩子的优势，那么我们就不必让内向孩子变成外向，但是在呵护好内向孩子性格优点的同时，保护好孩子容易受伤的心灵是非常关键的。

1. 不要呵斥内向孩子

家有内向孩子，确实令人着急。哪位家长不希望自己的孩子开朗、乐观，脸上又常挂笑容呢？可是人与人是不同的，有乐观开朗的人，就会有沉默悲观的。

晶晶性格内向。妈妈问她一些事情，本该一句话就能回答，她却支支吾吾，半天说不出一个字；让她做什么事情，嗫嚅着不愿意去；当别的孩子在外边玩得很欢的时候，她一准在家里看书……

妈妈忍不住刺激晶晶几句："怎么跟老奶奶似的，一点儿活泼劲儿都没有?""出去买瓶酱油你还犹豫?""谁像你这么宅？一天到晚坐在家里！"结果，妈妈越是斥责、贬低，晶晶就越畏缩、消极、自卑，更不愿意走出家门了！

面对性格内向的孩子，有的时候父母一着急就控制不住自己。不过，再着急也不能胡来。如果家长不考虑孩子的性格特点，大声斥责、贬低孩子，不但不能弥补孩子性格上的不足，还会埋没其性格上的优势，使孩子变得更加沉默、自卑。

2. 不要和孩子长期分离

父母是孩子最信赖的人，性格内向的孩子如果长期与父母分离，心灵就会变得很脆弱，且容易产生寂寞、无助和反抗的心理。这类孩子在遇到挫折时容易走极端，再加上他们自我控制能力差，又缺乏预料事情严重性的经验，所以很容易出现暴力行为。

给孩子正确的爱

一个小孩子看到别的小朋友都吃“怪味豆”，很眼馋，就偷偷拿了爸爸钱包里的钱去买来吃。后来，这件事被爸爸发现了。爸爸把他叫到跟前，命令他跪下，气冲冲地说：“小小年纪学什么不好竟然学会了偷东西，这长大还得了！偷东西是犯罪行为，你知道不知道！这次的事爸爸不能饶你，你给我到外面罚站1小时！”

当时正值寒冬，站了一会儿，孩子就开始哆嗦。爸爸看着孩子的可怜样，突然意识到，孩子犯这样的错，根本原因不在他，而是因为自己平时就没有好好关心、教育过孩子。这时，他也站到儿子身边，对儿子说：“孩子，偷钱是你的错，但是把你教育成偷钱的孩子，是我的错，我更应该受惩罚。爸爸罚自己站1小时，你只要站半小时。”父亲的认真负责和惩罚分明，打动了孩子的心，孩子再也没偷过东西。

如果这位父亲不把孩子偷东西当回事，听之任之，那么就等于帮着孩子逃避问题。当孩子认为这么做不犯错时，他就会经常做这种事，一旦形成习惯就不好改正，很可能使孩子形成好逸恶劳的性格，一生都会因此而一事无成。

如果这位父亲不问清楚情况、也不说服教育，就给孩子一顿暴打，孩子在没有真正弄明白自己错在哪里的情况下就挨了打，从此以后，孩子就会因为怨恨父亲而不服父亲的教导，甚至故意去做父亲不让做的事情。慢慢地，他真的就成了“坏孩子”。

讲这个故事只是想说明，家长如何爱孩子，对一个孩子的人格培养起着很大的作用。

不溺爱、不弱爱

高尔基说：“单单爱孩子，母鸡也会这样做。可是教育他们，却是一件伟大的事业。从事这种事业，必须具有相当的才能，必须具备广博的生活知识，必须要谨慎从事。因为这是一门艺术，稍一不慎，就会窒息了儿童的求知欲。”错误的爱就像施错了时间和位置的肥料，没有真正营养到孩子，孩子也就不能获得充分地成长。

如果父母认识不到孩子在每个年龄阶段需要的“爱”的内容和方式是不一样的，就会出现爱的偏差，比如，溺爱、弱爱、功利的爱、情绪化的爱等。

1. 溺爱危害大

溺爱，是一种失去理智、有损儿童身心健康的爱。

第一种，也是最为常见的一种，就是无限制、无条件地满足孩子。即使孩子提出不合理要求也满足，导致孩子不懂珍惜、不理解他人、不懂付出、娇纵、蛮横；即使孩子没礼貌、不懂规矩也迁就，导致孩子变得自私、无情、任性和缺乏自制力。溺爱剥夺了孩子认识规则的机会。孩子的内心无法建立遵守规则的意识，他就不懂得遵守规则。而在遇到外界要求他遵守规则时，他就会感到愤怒，并会反抗。这样就会使他在人际关系中成为不受欢迎的人，他也就享受不到友情的快乐。

第二种是过度保护。本来“初生牛犊不怕虎”，孩子不怕水、不怕黑、不怕摔跤、不怕病痛。为了绝对安全，有些父母不让孩子走出家门，担心孩子拿这摸那不卫生，跑东跑西不安全，限制孩子的活动，致使孩子运动游戏的能力差。即使孩子能做事了，父母也不让孩子做，包揽孩子生活中的大小事务，情愿自己多累点儿，也不愿意孩子吃苦。

孩子出生后，通过动作感知身体，习得智慧，父母要给孩子运动、支配身体的机会，让孩子在体验中发展各种能力，否则孩子会连和同伴玩的能力都不具备，导致内心非常自卑孤独。孩子没有体会过自己做事的成就感，一方面会产生“只有你们会做，我不会做”的自卑感；另一方面理所当然地认为父母应该为他做一切，不懂得感恩。如果父母或别人做得哪里不如他的意，就会很不满，结果就会更加不快乐，造成恶性循环。这样的孩子缺少责任感，自信心也不足，遇到困难、挫折更不知道怎么想办法解决。

2. 弱爱

弱爱，即缺少爱，也就是父母没有满足孩子爱的需要。弱爱会导致孩子安全感不足，缺少自尊、自信，对这个世界缺少信任，不会爱别人、不尊重别人，追求未来的动力不足等。

3 岁到青春期是孩子身体成长最快的年龄段，每年平均可以长高 6 厘米以上。如果在这个阶段孩子缺少父母的关爱，或者家庭气氛比较压抑，孩子就可能会减缓生长，导致个头比同龄的孩子要矮许多，这种情况叫作“心理性矮小症”。之所以会出现这样的情况，是因为孩子在精神压抑的情况下，内分泌功能会出现紊乱，进而引起生长激素、甲状腺激素等有助于长高的生长素分泌急速减少，最终导致身高增长缓慢或者不再长高。

有这样一个实验，心理学家将一批因受到精神压抑而身材矮小的孩子送到气氛和睦而欢乐的家庭里，给予他们足够的爱和温暖。结果，95%左右的孩子身高有了明显的增长。

“心理性矮小症”不但不利于孩子的身体发育，同时也会影响孩子的社会化程度。这样的孩子往往会出现内心孤独、自卑、语言能力不足等问题，以至于不能正常地与别人交往。

由此看来，无论是溺爱还是弱爱，都是影响孩子的生长发育的，既不利于孩子形成健全的人格，也不利于孩子的身体发育。

教养关键 08

真爱需要尊重

做父母的都愿意为孩子付出，但仅做到这一点还不能称其为爱，因为真正的爱需要尊重孩子的意愿，否则就容易陷入溺爱、弱爱的泥沼。不管是溺爱还是弱爱，都是违背孩子成长需要的，是强加在孩子身上的不理智、不科学的爱。

最能伤害我们的，往往是我们最爱的人。父母和孩子是彼此最爱的人，互相尊重才能让这份爱到达彼此的内心，而不是成为痛苦的负累。只有父母把孩子当成一个独立的人，并从孩子的成长需要出发来帮助、培养孩子，才是对孩子最好的尊重。

有位妈妈给女儿准备了很多颜料，还请来了隔壁的两个孩子和女儿一起画画。三个孩子画得非常尽兴，把地板涂得一块一块的，于是妈妈就提出让女儿一起收拾。

女儿当然不乐意，妈妈便很严肃地说：“是你和朋友一起弄脏的，所以你要负责收拾。”无奈，女儿拿着布擦干净了地板。妈妈坚持这么做，就是要女儿明白，她有维持家里环境整洁的义务。第二天，那两个孩子又来家里玩，妈妈听到女儿说："你们画画不要把地板弄脏了啊，好难清理的！"

妈妈掩住嘴偷偷地乐了。几个小家伙果然画的时候很小心。过了几天，邻居阿姨跟妈妈夸奖说："你家宝贝真懂事，在我家玩了一会儿，临走还帮我把房间收拾了！"听到这话，妈妈觉得自己对孩子的严格要求是利于孩子成长的教育方式。

这位妈妈很尊重女儿，她尊重了女儿在家里的主人翁地位，所以给了孩子负责任、独立做事的机会，锻炼了孩子的责任感、自主性、自律性。其实，孩子人格中的每一个美好因素，都是通过这些小事锻炼出来的，就看父母能不能抓住这些机会了。

第3章

6岁前，那些重要的成长敏感期

在0~6岁的成长过程中，儿童受内在生命力的驱使，在某个特定时间段内，会具有专心吸收环境中某一事物的特质。比如，刚出生不久的婴儿，会到处搜寻光的边界，以此促使大脑内负责处理视觉信息的神经元连接，这就是敏感期的反应。如果孩子在某个敏感期没有获得足够的外界刺激，那么就会影响这种功能所对应的脑区的发育。所以，了解并帮助孩子顺利度过敏感期，是保证孩子心智水平发展的前提。

睁开眼睛，开始认识世界

意大利男孩托蒂有一只奇怪的眼睛：从生理上看，这只眼睛完全正常，但它却看不见任何东西。原来，当小托蒂呱呱坠地时，由于这只眼睛轻度感染，曾被绷带缠了两个星期。正是这种对成人来说几乎没有任何副作用的治疗，却对刚刚出生、大脑正处于发育敏感期的婴儿托蒂造成了极大伤害。他的大脑由于长时间从这只眼睛接收不到任何外界信息，就认为它失明了，于是原先该为它工作的大脑神经组织也随之“战略转移”了。小托蒂的遭遇并非特殊个案。后来，研究人员在动物身上做了很多类似的实验，发现结果都是一样的，大脑都严格执行了这一“用进废退”的规则。

由此看来，抓住孩子视觉发展的敏感期，是一件关系到孩子能否看到这个世界的大事情。

视觉敏感期

所谓敏感期，也称作关键期，是指有机体早期生命中某一短暂阶段内，对来自环境的特定刺激特别容易接受的时期。在此期间，脑对某种类型的信息输入产生特定反应，以创造或巩固神经网络。换句话说，敏感期一般指的是在 0~6 岁的成长过程中，儿童受内在生命力的驱使，在某个时间段内，具有专心吸收环境中某一事物的特质。我们常常会看到孩子在某一阶段会不断重复实践一件事，这就是因为敏感期到了。当孩子平稳地度过这个敏感期后，就能顺利地进入下一个敏感期。

视觉是新生儿身上最不成熟的感觉。人在出生后，眼睛和大脑中的视觉结构仍在继续发育。虽然视觉发育时间较久，但是孩子以后的很多敏感期，都是依赖于视觉发展的，比如，走的敏感期、细小事物敏感期等。

孩子出生后，一方面，新生儿的晶状体肌肉很虚弱，因此随物体距离不同而调节眼睛聚焦的能力非常有限；另一方面，新生儿的视网膜、视神经和其他视皮层传送信息的通路也还需要几年才能发育成熟，所以新生儿看东西很不清楚。尽管他们看到的父母的面容只是模糊的图像，但是他们会运用有限的视觉能力对环境进行探索。

如果拿某个东西在新生儿眼前晃动，他们能够盯着这个东西并随着手部的移动而追视这个物体。而且，亮度不同，孩子做出的反应也不同。新生儿的视觉发展很快，到了 8 个月大的时候，其大脑活动区域与成年人看到同样图像时的大脑活动区域将完全一样。这说明此时孩子已经具备了很多视觉能力，比如轮廓、色彩、距离、体积以及让他头晕的深度知觉。

当然，这并不等于孩子的视力到这个时候就完全发育好了。有关眼科专家说：如果孩子在两三岁以前视觉发育的关键时期遇到阻碍，譬如度数的屈光不正或一些眼病的发生，就会使外界的光线与物体对眼的刺激受阻，时间长了就会影响孩子视觉的成熟，从而造成弱视。

当孩子处于某项能力发展的敏感期内时，缺乏刺激或者刺激不当都会导致其脑部发育不良。所以，父母要在视觉发育的敏感期内为孩子提供适宜的刺激，以促使脑更快更好地发育。

教养关键 01

发展孩子的视力

刚出生的孩子，虽然眼球构造正常，但功能很差，必须通过反复地看东西，不断接受外界光和物体形象的刺激，才能使其视觉逐步成熟。

1. 尽早给孩子刺激

孩子出生时的视力确实不是太好，但不管怎样，也足够看见妈妈的脸和乳头，以及挥动在面前的自己的一双小手。但是，这不等于孩子就没有视力上的选择。

在不同时期，孩子能感知到的色彩也不相同。如果家长能抓住每个时期的特点，给予孩子适当的色彩刺激，不仅能够促进孩子的视觉发育，还能进一步加强智力潜能的开发，促使孩子脑部更早发育，变得更聪明。孩子 4 个月前要多看黑白物体，因为 0~4 个月是黑白两色发育的敏感期。在这段时间，孩子看到的只是黑白两色，而且视物距离只有 20 厘米~30 厘米。由于孩子出生后一般最先看到的都是妈妈的乳房，所以对靶心图像比较敏感。建议家长拿一些类似靶心的黑白玩具，在孩子眼前来回晃动，以增强他们对黑白色调的敏感度。

当然，为了给孩子日后的视觉发育铺路，父母也可以买些红、黄、蓝色的玩具时不时地给他展示一下。因为虽然孩子刚开始看不到这些色彩，可时间长了，却能起到刺激视觉的作用，为孩子进入视觉色彩期奠定基础。

2. 为孩子进行视觉训练

孩子醒着的时候，一双眼睛不停地转动，这是他在好奇地观察身边的世界。利用孩子的好奇心，给他更多的视觉刺激，不但有利于孩子认识世界，更利于他视觉发展。所以，父母一定不要让孩子的视觉环境过于单一，要不断地在他的床头、四周悬挂色彩、形状不同的玩具；在更新的同时不忘记留下他最爱的那几件。遇到好天气，就带孩子出去走走，让他看看外边的世界。但一定要注意，不要在阳光太强的时候出去，以免刺激孩子的眼睛。

父母要多给孩子看一些移动的物品，这样有助于孩子空间感觉的建立。父母给孩子看某件物品的时候，可以一边让他看一边讲讲这件物品的用途、形状、大小、颜色，以及与其他物品的对比等。

总之，父母要尽可能地给孩子提供对比度强、色彩明艳、形状各异的物品，这将能够有效地促进孩子大脑视觉神经系统的发育。

孩子贪吃，不是因为饿

邻居甲家的宝宝出生不到7个月，非常招人喜欢。她躺在小车里的时候，不是把手放进嘴里啃，就是把舌头吐出来、缩进去地玩，还发出“扑突扑突”的声音。有一天，她竟然发出了“吧吧吧吧”的声音，她的爸爸开心地以为女儿会喊爸爸了呢。但是他又疑惑，这说话说得也太早了吧？

邻居乙家的宝宝1岁2个月了，邻居乙给这个孩子起了个绰号叫“吃货”。倒不是因为这个孩子吃得多，而是这个孩子什么都吃，看到什么都往嘴里放。桌上的抹布、纸、刚买回来的豆角、玩具、路上捡的小棍、爸爸的手机，等等，不管是什么，他都想尝尝。妈妈当然不允许，每次都会抢过他手里的东西。可他下次还这样，即使打他小手也不管用！有一次，孩子从地上捡起一粒花生米放进了嘴里，结果卡住了，差点儿窒息！一家人很是苦恼，这个孩子怎么什么都往嘴里放呢？

其实，上面两个孩子都是敏感期到来时的典型表现，那些令家长疑惑的行为都是他们在练习和发展口部的功能。

口的敏感期

大概在6个月的时候，儿童口的敏感期就来到了。到了这个时候，孩子就会热衷于用口去品尝、感知事物。这个过程不单单是用口吃东西，满足生理的需要，孩子还会用口去感知遇到的事物，以此认识事物，积累感觉经验。

孩子进入口的敏感期后，变得喜欢啃手、啃脚。这在一些父母看来是很不卫生的，于是他们往孩子手里塞一些有声响的玩具，可是不一会儿，孩子就把玩具塞进了嘴里。

其实，孩子处于口发育的敏感期，吃手、啃脚既是寻求自我慰藉的玩耍方式，也是以此认识身体、唤醒身体、熟悉身体的一种方法，更是他的一种活动方式。所以，当父母没有满足孩子口的敏感期的需要时，在以后的某个时间段，孩子会重现这种需要。到那时虽然能够弥补孩子的"吸吮手指头"的需要，给他以安慰，但却无法弥补孩子利用口来完成对这个世界的认知的缺失。

著名育儿专家秦锐说，这个阶段的孩了吃手，只有好处没有坏处。吃手可以训练他的手眼协调能力、培养他的自我认知能力和运动能力。

这个阶段的孩子，不光把能吃的东西塞进嘴里辨别哪一个是自己喜欢吃的，当他们会爬的时候，还会把寻找到的不能吃的东西塞进嘴里。这不是因为他们饿，而是他们在利用口来感受这个事物，从而了解这个事物。所以，我们要明白，对于这个阶段的孩子来讲，口不光是吃的器官，也是探索的器官，直到有一天他们的手部功能被唤醒后，他们才开始用手去探索世界。

父母满足了孩子口部的各种欲求，他的内心就是安全的，就会认为这个世界是可以信任和依赖的，人格就能顺利发展。孩子口的敏感期一般持续到1岁左右，如果2岁以后，孩子还是不断吃手、乱往嘴里塞捡到的东西，可能是由于父母没有充分满足孩子口的欲望，也可能是孩子生活不开心压力太大所致。

教养关键02

满足孩子口的欲望

父母对孩子口部欲望的满足，关系到孩子下一个敏感期的到来。当孩子用口唤醒了手的时候，手的敏感期就到来了，孩子的心智也将进一步发展。

当孩子处于口的敏感期时，父母该如何支持和满足孩子口部的欲望呢？

1. 让孩子远离危险物品

如果孩子还不会爬，那么只要不在他身边放置有危险的物品和脏东西就好了。如果孩子已经会翻身、能爬了，就要避免在他能够到的范围内放置尖锐、小球等物品，以避免出现危险。

此外，玩具上最好不要带容易弄掉的扣子、硬物以及易掉的毛等，以免孩子吃进嘴里。

2. 要注意卫生

手长在孩子身上，不管我们怎么看护，都不能保证孩子的手不摸脏物，所以要注意清洁，多给孩子洗手。外出的时候，随身带着消毒纸巾，勤给孩子擦手，避免病菌从口入。如果出门之前，给孩子带上一些吃的东西，攥在手里，他就不会捡东西往嘴里放了。

3. 提供咀嚼物品

对于非常热衷于口部活动的孩子，父母一定要让他保持手部和脚部的清洁，以保证孩子往嘴里塞东西的时候不会吃到细菌。另外，父母也可以准备一些熟猪肝，切成小条放到孩子的手里，这样不仅可以训练手眼协调能力、促进大脑皮层的发育，还可以磨牙、补充铁元素。不过，孩子长牙以后，要给他准备一些较硬的食物，比如饼干、奶棒、苹果条什么的放在手里。切记，一定要在孩子坐着的时候再给他食物。

深度解析孩子的抓、抢、打

娇娇妈觉得女儿越来越不好带了，每次喂她吃东西都要好久。妈妈把饭送到女儿嘴边她都不吃，非要抢勺子、筷子，自己吃。要是真让她自己吃，她就放下餐具，用手抓着吃，弄得餐桌上到处都是菜饭，急得妈妈直跺脚。有一次，妈妈洗了一个西红柿放在小碗里，刚放到娇娇的面前，娇娇就把西红柿抓了个稀巴烂。

最要命的是，娇娇还到处捡东西，不管是在家里还是在外面，看到感兴趣的东西就捡起来。有的她看看就扔掉，有的她还放进嘴里，尝尝味道后，再龇牙咧嘴地吐出来！

家里本来不缺吃的，可是看到别的孩子吃东西，娇娇一声不吭地伸手就抢，搞得妈妈非常难为情。

妈妈疑惑，难道这就是进入了手敏感期的孩子的表现吗？

认识手的敏感期

孩子的手是被口唤醒的，也就是说，孩子在吃手的过程中，认识到了手的能力。比如，手可以把自己想要的东西拿过来，把想吃的东西送到嘴边，可以拉着妈妈的手，搂着妈妈的脖子，可以辨别面前的东西是软是硬，等等。

手是3岁前认知的重要方式，因为手有认知的功能和记忆的功能，还有代替语言表达的功能。叶圣陶说，孩子的智慧在手指上。我们知道，大脑的神经通路是开始于皮肤的浅感觉和开始于肌肉、肌腱、关节的深感觉。这些感受器收到刺激后，向上传导到大脑皮层，促进了脑部突触和神经纤维的增长和彼此的连接，使大脑回路增加，区域脑功能提高。所以说，手部活动越多，越能促进大脑发育。

孩子还不能很好地用语言表达自己的想法，但会用手来代替。不过，孩子代替的方式可不是成人世界里的用握手表示友好、用摆手表示拒绝，而是想怎么用就怎么用，比如，打、抢。

当手的敏感期到来的时候，口的敏感期还存在，因为要发展手的能力，认识手的功能，孩子会不停地做出各种动作、触摸各种物品，而手活动的范围越大，特别是会爬、能走的时候，可放到手里的物品也就越多，能放入口里的物品也增多了。孩子对于能吃和不能吃、卫生和不卫生没有很清楚的界定，很容易把脏东西放进嘴里。这就需要父母对孩子看得细致一些。

尤其是孩子发现新的物品，判断不出是什么东西、做什么用的时候，就会用自己熟悉的方法——用嘴啃啃、用牙齿感觉感觉，再看一看。这个过程是习惯化与去习惯化的更替，可能会很频繁地出现，家长也要多留意。

3岁前虽然孩子的手、口、爬、走等活动都有所发展，并且可以同时进行，但都只是一些低级的行为模式，较复杂的行为，孩子还是需要父母帮忙、协助的。

教养关键 03

发展孩子的手部功能

如果父母长期阻止或替代孩子的自主行为，会使孩子感到很痛苦，并认为自己的痛苦来源于父母，这样孩子和父母的感情就受到了破坏。心理学家皮亚杰说："心理发展源于动作，动作产生认识。"不要怕孩子好动，只有多动，才能打开孩子认知的通道，使孩子实现对自己、对世界的认识。

感觉是认知的重要方式，孩子就是通过手部皮肤、肌肉、关节等的感觉，来实现对事物的认知和神经系统的发育。那么，父母怎么做才能顺利陪伴孩子度过手部敏感期呢？

1. 给孩子抓、 摸的机会

手的敏感期到来后，孩子会不停地去触摸能够到的物品。这个时候，父母要为孩子提供适宜的环境，支持孩子成长，这是父母的养育责任之一。

不管是孩子摆弄妈妈的饰品，还是乱抓父母的衣服，或者把水果等软东西捏个稀巴烂等，父母都不要打骂孩子，因为这个过程是孩子感受、体验不同物品，发展认知的过程。父母可以教孩子玩得更安全些，少破坏环境。

2. 引导小"强盗"

当孩子抢别人东西的时候，有的家长喜欢称他们为"小强盗"。其实，这么给孩子贴上负面的"标签"，不但会使孩子误解，而且容易使分不清褒贬的孩子真的养成"抢"的习惯。

养育 3 岁前的孩子，要么掌握科学的养育方法，要么就按照孩子的自然规律去养育，否则可能会给孩子带来成长的障碍。此时的孩子可能分不清你的、我的，当别人有什么东西的时候，自己也想有，于是便伸手去拿了。

例如，妈妈可以对孩子说：“那是小朋友的，咱家里有，咱们回家拿！”也可以说：“你问问小姐姐，给你玩一会儿行吗？”这样可以在孩子心中树立一个东西是别人的，想玩要好好跟人家商量的观念，而不是伸手就抢。

3. 改变“打” 的行为

孩子出去，常有“打人”的动作，特别是稍大一点儿，有了力气后的孩子很容易把对方打疼。其实，很多时候，孩子不是想“惩罚对方，让对方痛苦”而发出这个动作，孩子可能只是想跟对方打个招呼或者引起对方注意。所以，父母要注意抓住时机，教会孩子正确的表达方式。

比如，当孩子来到小朋友中间，伸出手来要打没打的时候，父母要及时抓住孩子的手触碰对方的手，并对孩子说：“轻轻握握手，我们是朋友。”从这个动作中孩子就学会了和对方握手是一种交朋友的方式，同时手也付出了行动。渐渐地，他就懂了该怎样跟其他小朋友打招呼。

爬出来的好孩子

明明8个月的时候已经能够到处爬了，每天就像地板擦一样把各个房间的地板蹭得干干净净。爬着爬着遇到感兴趣的东西，明明就趴在那里玩，大冬天，一点儿都不觉得凉。妈妈常常想，这么小的孩子竟然能够爬得这么快！

最近，妈妈心里有点儿不平静了，明明爬的时候撞到了茶几上，把头磕了，鼓起了一个小包，看着就心疼。看到有的家长给孩子买了学步车，妈妈考虑是不是给明明也买一个呢？

爬的敏感期

孩子在6个月前后就进入爬的敏感期，刚开始的动作可以称作“爬行预备动作”：翻过身趴在床上，笨拙地移动身体；以腹部为中心，向左右挪动身体打转转；前臂偶尔能使上劲等。因为孩子还没有掌握动作要领，所以使用起双臂来显得比较生疏。不过，经过不断练习，熟能生巧了，孩子就能够匍匐爬行了。但仍有一段时间，他会停留在腹部贴着床面，四肢不规则地划动，有的时候是往前爬，有的时候则是往后退。父母不要着急，到了八九个月时，孩子就能掌握爬行的要领——用手和膝盖支撑，头颈抬起，胸腹部离开床面，用力带动整个身体移动。

有的父母觉得爬行对孩子没什么用处，不是必备的技能，直接学习走路岂不是发展更快吗？于是早早教孩子站起来走路。有的父母甚至给孩子买来了学步车，没有学会爬就把孩子放进去学步行。

其实，爬行对孩子的成长来说是一个必不可少的过程。

第一，爬对孩子来说是一项非常有益的活动，因为完成爬的动作需要全身许多部位的参与，包括手臂、腿脚、胸、腹、背等，还需要大脑对这些部位的肌肉运动进行协调平衡。所以，爬既能锻炼孩子全身肌肉的力量和协调能力，又能增强小脑的平衡与反应的联系，这种练习对孩子日后学习语言和阅读会有良好的影响。

调查显示，爬行少或者爬行不足，甚至根本没有经历爬行的孩子，活动中的身体上半部和下半部会不自觉地对抗，容易发生感觉统合失调症。

第二，爬扩大了孩子的活动范围，为孩子的探索活动开辟了新领域。我们知道，孩子受到的环境刺激越充足，大脑神经元创建的连接越多，大脑发展越快。孩子对什么产生了好奇，可以通过爬到达目标物，进行触摸，全身的活动增加左右脑的神经元之间的连接，大脑神经系统得到充足的发展，促进了孩子的认知，丰富了孩子的认知经验。

而放在学步车里的孩子，身体被局限在了一个小范围内，长大后容易患上感觉综合失调症，如视听、视动、听动失调等，导致上学后注意力不集中、写字歪歪扭扭、做作业速度很慢、不能完成一些精细动作、身体协调性较差、听不清老师布置的学习任务等。

教养关键 04

支持孩子爬一爬

很多父母面对有爬行欲望的小宝贝，不知道怎么操作才能给其身体带来最好的促进。以下几方面是父母在操作过程中要注意的。

1. 及时鼓励孩子爬

6 个月前后，当孩子翻过身来，有挪动的倾向，但是只是以腹部为中心旋转的时候，父母可以鼓励孩子一下，在前面拿着玩具逗引他，在后面推推孩子的脚底给他点儿力量，帮助他向前爬。等孩子有能力支撑起腹部，可以靠手和膝来爬行时，就可以在他前方放一个滚动的皮球、一个有趣的玩具，让他朝着目标慢慢地爬去。孩子会逐渐地学会快速爬。

当孩子能够熟练地爬行时，父母可以采用和他比赛、拦截他一下的方法刺激孩子，让孩子感受到爬行带来的更多快乐。

2. 处理好“障碍物”

刚练习爬行的时候，父母可以为孩子开辟出一个比较宽阔、易爬行的地方。但是，等孩子会爬了，并且非常开心地爬来爬去时，家长就没有必要帮助孩子扫清障碍了。为什么这么说呢？爬行有个很重要的能力锻炼，就是发展孩子的身体协调性，不光是四肢的协调性，还有眼、耳、口等多种感官与机能的统合发展。如果家长把孩子的爬行环境净化了，没了嘈杂的声音和阻挡的物品，那么孩子在过度的保护下，会将爬与看、听分裂开，只是畅通无阻地爬，而不需要兼顾其他的环境内容，各方面的协调能力也就得不到锻炼了。

妈妈在家里为孩子开辟了一块爬行专属地，把一切杂物都清出这个地方。孩子在家里虽然爬得很欢，可是走出家门或者到了别人家，不是碰头，就是撞人，吓得他不敢再爬了。

培养孩子的终极目标就是培养孩子适应社会的人格，并让其掌握社会人格的行为方式。没有阻碍的社会是不存在的，要很好地生活在这个世界上就要具备处理各种困难、阻碍的能力，而这种能力是要从小历练的。拿掉孩子爬行的障碍，等于对孩子过度保护，必然会导致孩子因为缺少挫折、危险意识，而形成较差的自我保护能力，抗挫力、自信心也会都不足。

孩子想走就让他走

当孩子有一天能够迈开脚步往前走的时候，他会兴奋地张大嘴冲着大人笑。这个时候，他们最开心的事情就是走路了，除非睡着了，其余的时间他们都在走：出去玩儿的时候，妈妈想抱抱都不行；来电话了，妈妈接个电话的工夫，就找不到孩子了；早晨醒过来，没等妈妈给他穿好衣服，他就从床上往下出溜，要往外走；要是让他踩到路边积留的雨水，就更不得了了，他会反复踩，妈妈如果担心他把鞋子弄湿而把他抱走，他就会大哭大闹……

孩子怎么这么热衷于走呢？这是因为孩子走的敏感期来到了！

走的敏感期

在 10 个月左右，孩子进入了走的敏感期。在走的敏感期内，孩子不需要特定的理由，就会对走这个行为产生强烈的兴趣而不厌其烦地重复，一直到最后因为这种重复使孩子能够独立行走了。孩子在从事这项活动表现出来的内在活力和快乐，正是根源于孩子与外在世界接触的强烈要求。

孩子一旦学会了自己走路后，他的世界就发生了变化。以前，即使能够爬，他的自由也是受到限制的，因为爬行所能到的地方有限。会走就不同了，孩子可以去他想去的任何地方。当孩子看到一个喜欢的东西，他不再需要成人的帮助，自己就可以走过去拿。人生来是寻求独立的，要成就一个完整的自我，就离不开行走，而行走正是孩子实现自主、建立自我意识的良好准备。

当孩子想走的时候，父母因为自己太累，不愿意跟着孩子到处走，而把孩子放在小车上，这是在残忍地剥夺孩子通过自己的努力获得成长的机会。父母不要抱怨，要幸福地享受这个过程，因为这是孩子充满激情地发展自己、构建自我的重要历程。如果我们希望孩子长大，渴望孩子将来是一个能够独立生活、有独立人格的人，那么就要支持孩子行走，因为这是孩子和母亲真正意义上的分离，也是孩子独立的开始。

教养关键 05

鼓励孩子多走

假如孩子已经有迈步的强烈愿望，而父母认为孩子还太小，不给他们走路的机会。那么，不光孩子腿脚的肌肉得不到锻炼，大脑的思维能力也会受到影响。

孩子的大脑发育要靠环境刺激来实现。眼看、耳听、皮肤触碰、舌头品尝、鼻子闻嗅等过程（医学上称为感觉统合过程）不但能够帮助孩子完成对环境的认知，还能促进大脑发育。大脑是靠神经元的突触之间的连接来传递刺激的，神经元之间的连接越多，脑中的各种信号路径就越发达，大脑功能就越强。

心理学的研究成果告诉我们，一些进入小学后的孩子表现出来的情绪不稳定、固执、有侵略性、有挫折感、难适应学习环境、注意力不集中、不能持久地干一件事情、不能长时间坐着、多动等问题，与婴儿期缺乏有效的自主活动有一定关系，所以父母应该大胆地让孩子自己走。

1. 孩子开步晚也不要急

1 周岁之前的婴儿期是孩子感觉调整的阶段，调整过程需要多少时间是没有统一标准的。所以，对于孩子何时能开步走，应该耐心地等待，顺其自然。到 1 岁左右时，可有意识地让他和比他略为大一点儿的孩子一起走走玩玩。孩子会通过观察、揣摩和模仿，来学习走路。

此外，由于孩子的骨骼还没有完全发育到能支撑身体的全部重量，所以让孩子早早就走路会导致“O 形腿”的发生。

2. 做好安全措施

孩子的骨骼还没有长定型，硬底鞋和皮鞋不利于孩子脚部的正常发育。所以，孩子学步后，最好买软底布鞋。在家的时候，可以让孩子穿着袜子或者光着脚学习走路。

有的妈妈为了防止孩子跌倒，就用丝巾、布条等的一端系在孩子身上，另一端牵在自己手里。孩子要摔倒的时候，妈妈一使劲就拽住了，还可以防止孩子到处走有危险。其实这样做也是一种对孩子的过分保护，并剥夺了孩子的自由。孩子走路的过程中要体验走不同的路的感觉，感受如何调整平衡，这是他的权利。

6 岁前孩子的生命状态具有吸收性的特质，所以玩的过程就是吸收的过程，吸收的过程也就是学习的过程。吸收的过程中，由于孩子使用了肢体、大脑和感官，所以肢体操作能力、大脑思考能力、感受能力都得到了提高了，这一切使他的心理逐渐成熟。慢慢地，孩子有了自我意识，产生了自我认识、自我评价、自我建构，他的心智就成熟起来了。所以，父母给孩子自由才是真正的爱。

还有的父母觉得把孩子放在学步车里会比较安全，其实四平八稳的学步车剥夺了孩子体验平衡的机会，影响其平衡能力的提高。再说学步车倒了也有可能会压到孩子。

孩子会走以后，哪里都有去到的可能，什么都有摸到的可能。为防止孩子受伤，父母应该把家具的棱角用海绵或其他软性材料包裹起来，把热水瓶藏起来，把刀具、锐器等危险品锁进橱柜。

3. 把握住走的 **5** 个阶段

孩子学会走路的过程是有一个大致规律的，一般分为下列 5 个阶段。

10~11 个月，孩子有扶着妈妈的手、固定物站起来的欲望。逐渐地他能够扶稳并单独站一会儿了，这时孩子就可以开始练习走路了。

12 个月左右，孩子能够站起和蹲下了。这个时候可以做一些蹲起的练习，帮助孩子增进腿部的肌力，并训练其身体的协调度。

12 个月以上，孩子能够扶着东西行走，虽然表现得有点儿胆怯，会紧抓妈妈的手，但是妈妈一定要放开手，然后鼓励孩子："走，往前走！"孩子有了走二至三步的经验后，就会有更强的走的欲望。

13 个月左右，孩子已经能够磕磕绊绊地走了。这个时候，妈妈要多鼓励孩子走，这样有助于腿部的肌力、身体与眼睛的协调度的发展。对孩子来讲，上坡和下坡是个比较有难度的动作，最初，他可能会手脚并用。这也没关系，妈妈领着孩子走几次后，他也就敢走了。

13~15 个月，孩子走路的劲头充分展现，因为什么样的路面他都经历过了，都能走了。这时，孩子对四周事物的探索欲望更强，父母要多给他自由。

用身体去丈量、去感受

娇娇1岁多的时候，爸爸带着她去郊外玩。那是很大的一片湿地，春夏之交，人们可以尽享暖阳和微风，非常的惬意！爸爸选了个好位置，把气垫充好气后，就开始了和女儿的快乐时光！

娇娇很快就被这里的开阔和丰富吸引了，看什么都有趣，连走带爬地玩疯了。她抠树根、拔小草，从这边到那边；一会儿爬上大石板跺跺脚，一会儿又手脚并用地爬下来，扭头看看，又开始往上爬，累得哼哧哼哧的。突然，娇娇愣住了，盯着大石板看了好一会儿，然后用手抠了起来。原来石板上有个小洞，娇娇见到小洞，就往里面塞小树叶，一边塞还一边“哇！哇！”地自己给自己助兴！

爸爸端着相机随时拍照，把女儿可爱的样子都收录进相机。一会儿，娇娇突然哭起来，爸爸连忙走过去，发现女儿从石板上滚了下来。原来，女儿想下来，脚没站稳。不过，很快女儿就又开心了。因为她看到远处飞来了一只白色的大水鸟！娇娇一手指着远处，一手拉着爸爸往那个方向走。距离有些远，爸爸想抱她，可刚抱起来，她就挣扎着下来，因为她要自己走。

爸爸放下女儿，拿出相机，又开始给女儿拍照。爸爸相信，这些照片非常有纪念意义，因为这是女儿充满活力的成长瞬间，也是自己对孩子成长的极好支持！

空间敏感期

当孩子的手、脚被唤醒，并且有了独立的资本以后，他就能够独立行走了。孩子认识到了自己和物的不同，知道自我是独立于外界的。在这之后，他就要进行进一步的探索了。他会探索这个世界上的这一物和那一物在位置上的区别，自我和物之间的关系，物和物之间的关系。于是，空间敏感期来到了。大约在 10 个月，孩子就会通过抛洒、移动物体来探索空间，感知他和物品、和空间之间的关系，然后建立一种空间上的秩序。

由此，孩子就有了不断地在不同的地方爬来爬去的行为，把一个东西移过来移过去。渐渐地，他还会喜欢上往高处爬、从高处往下扔东西，把里面的东西取出来、把外面的东西塞进去，这其实是孩子认知空间的最初过程。他喜欢钻进不同大小的空间的感觉，喜欢爬上爬下、跳与跑，喜欢旋转、攀爬等。

这时期，孩子的探索欲望更强了，受内在动力的驱使，孩子有了向更广阔领域发展的欲望。因为儿童的空间不是大人所想的那样靠想象营造出来的，而是靠身体感觉出来的；也不是长大后在课堂上习得的，而是小的时候就建立起来的。虽然孩子是有吸收性心智的，但是孩子要借助于外在的环境才能完成内在能力的觉醒。所以家长只有尊重生命的自然法则，才能让孩子顺利而成功地成长。爬、走、上下楼梯、钻洞洞，孩子不断地突破极限，创造自我，建立空间意识。虽然这个过程孩子会很累，但是他们乐此不疲，因为他们在努力地创造一个独立的自我。

到了 3 岁以后，孩子的空间感觉进一步加强，此时，他们最热衷的就是不断地堆积：在沙滩上堆积沙堡，堆成后推倒，再堆再推倒；在家里堆积木，堆好后推倒，再重新堆……他们有时甚至会对着推倒的作品哈哈大笑，一点儿没有自己的作品被销毁后的失望。因为这是他们对空间感觉的建立，他们在感受这种建立的快乐。

教养关键 06

带领孩子感受空间

为了让孩子很好地度过空间敏感期，使他在对空间有了良好感知的基础上，拥有对空间的把握能力，家长可以通过一些小游戏来支持孩子的行为。

1. 给孩子足够大的空间

给孩子自由，让他的身体充分运动。父母要克服恐惧心理，在旁边悄悄保护孩子的安全，让孩子自由探索。那种自由探索的感觉，既锻炼了孩子的胆量，也提升了孩子的自信。

2. 掏着吃

孩子吃袋装或罐装的食物时，妈妈可以对孩子说："宝宝从袋子里拿饼干吃呢？""宝宝把饼干又放进了袋子里！"也可以跟孩子玩游戏，让孩子按着妈妈的说法做动作，让孩子对空间概念有了解。

不过，孩子这样玩过之后，吃东西时可能会反复这么玩，从而耽误了吃。父母不要着急，因为这种反复练习的动作不会持续太久，敏感期一过，孩子就没有这种兴趣了，他的心智就会向着更高的一级发展。

3. 拉小车

妈妈可以设计制造一个小车，车里面放上孩子平时玩的玩具，然后妈妈在前面拉，让孩子在后面跟着。妈妈一边走一边说："妈妈前面拉玩具，宝宝后面跟着妈妈要玩具!”

在家里玩过这个游戏后，孩子就可能会要小车去外边玩，还要在小车里放上沙子、树叶什么的。父母不要嫌脏，孩子想怎么玩，就让孩子怎么玩，因为玩的过程就是孩子学习的过程、成长的过程。

4. 钻洞洞

孩子喜欢往外跑，雨雪天气也待不住。父母不妨给孩子找个在家里就可以玩的有趣的活动——钻洞洞。把家里的枕头在床上摞起来，码成一个环形的圈圈，告诉孩子这是一个环形的洞，然后让孩子来钻。也可以把家里的呼啦圈固定住，让孩子来钻。如果妈妈和孩子一起钻，不但能提高孩子的兴致，妈妈也获得了锻炼，更加深了亲子感情。

孩子要精细地认识世界

一位妈妈在自己的博客里写道："我的儿子会走以后，在外边走着走着就会蹲下来捡起一个细小的东西，然后攥在手心里不放。我掰开他的手指看，真的不是什么有用的东西，净是小棍、小果皮、小石子什么的。要是让他放手，他就会非常不开心！"

还有一位妈妈说："宝宝最近特别喜欢抠那些小洞洞、小孔孔。有一次爸爸的衣服有个小跳线，他愣是抠开了一个指甲盖那么大小小洞，害得我大热天跑了一趟织补店！还有一次，宝宝趁我不注意往刚打开的一瓶饮料里塞了一团面巾纸，一瓶饮料都浪费了！"

这两个妈妈讲述的故事，都是典型的细小事物敏感期的表现。

细小事物敏感期

在孩子的成长敏感期里，有一个阶段，孩子会对细小的事物特别敏感，他们手里总是紧紧攥着一些小东西、衣服的兜兜里放满了小物品……把物品贴身放置或攥在手里的行为方式，能够给孩子一种感觉，一种拥有和不让这个东西转移的感觉，这是特定敏感期重复特定行为和偏爱特定事物的表现。

很多父母有过这样的经验，就是孩子看到了蚂蚁会惊呼，然后能顶着大太阳看上好久。这就是敏感期的孩子，他们因为受“精神胚胎”指引，要在这个阶段发展专注、耐心、聚精会神等心理品质，所以父母不可以破坏孩子当时的“雅兴”。

蒙台梭利说过，儿童在1岁半到2岁时会有一个对细微事物感兴趣的敏感期。随着手和身体的配合能力逐步增强，孩子受内在生命力的驱使要去发展他的小肌肉和手眼的高度协调能力，为以后精细动作的发展打下基础。所以，不管孩子搜集“小垃圾”的行为在我们成人看来有多么无聊和滑稽，我们都不要阻止和打击孩子，随他去做吧！

我们大人也许永远无法知道孩子在专注地观察小蚂蚁、小石子的时候有了怎么样的想法，但是我们应该清楚，孩子在这个过程中顺应了“精神胚胎”的指引，完成了大脑的进一步发育和心理的成长。

教养关键07

给孩子一个充满细小的环境

细小事物敏感期与孩子专注品质的培养、细心精神的拥有都有着一定的关系。所以，当这个快速发展期到来的时候，父母先要让孩子充分地接触细小的事物，以便为将来的发展奠定基础。

1. 给孩子准备一个“藏宝罐”

对孩子来讲，父母能够支持他的爱好一定是一件快乐的事情。所以，当孩子对一些小东西格外感兴趣并积极收集的时候，父母要放开内心的顾虑，给孩子准备一个大的器皿，比如大矿泉水瓶子、饼干盒等。孩子看着他心爱的宝贝有了家，内心的满足感会让他们更加积极地去寻找、去探索。

细小事物的敏感期可能持续的时间比较长，对于稍大一点儿的孩子，父母可以有意识地培养他的环保行为。

2. 利用饭桌时间

饭桌上的精细物品可真是不少！小小的豆粒、细细的豆芽、散落的米饭、细细的黄瓜条等都能给孩子提供精细操作的机会。

1 岁以后，孩子就不想让妈妈喂饭了，而是想自己吃饭。这是孩子自主性发展的需要，但由于孩子的手部肌肉不够发达，掌控餐具的能力不够强，夹菜、往嘴里送饭的时候，不可避免地要有洒落，动作也会比较慢。不过这虽然耽误了时间，但是过程却非常关键。

当孩子干脆扔掉蹩脚的餐具，用手抓饭往嘴里送的时候，需要他调动手和眼的协调配合，这是培养手臂肌肉协调和手眼平衡能力的最佳机会。

孩子用手抓、捏食物的过程，不是一次性完成的，需要反复练习。这些练习促进了大脑神经元之间的连接，完善了脑功能。同时，孩子还掌握了食物的形状和特性，锻炼了观察能力。

孩子需要有秩序的环境

妈妈从幼儿园接茜茜回来，刚踏上楼梯的一瞬间，茜茜就不高兴了，大声说："我先上!"妈妈无奈，只得退下来，看着茜茜迈上去，再一步步地跟着走。

晚上睡觉的时候，茜茜必须睡中间，妈妈在左边，爸爸在右边。如果哪天爸爸妈妈的位置不是这样的，茜茜就非要他们调换过来不可，要不就又哭又闹。

孩子如此要求"和从前一样"，是因为他们正处于秩序的敏感期，希望事情能够根据自身内在的秩序来完成。

秩序敏感期

对幼儿来说，世界是以不变的程序和秩序而存在的，这种程序和秩序进入幼儿内心，成为幼儿最初的内在逻辑。秩序的敏感期在 2 岁前就来到了，3 岁的时候，会发展到执拗的地步。一般来讲，处于秩序敏感期的孩子在建构内在秩序的同时，对外在的秩序会有以下要求：场所、位置、空间、时间、顺序、所有物、约定、习惯等都要按照常规走。如果外在的表现不符合他内在的秩序，他就会不开心或大声抗议。

专家分析，儿童秩序的敏感期呈螺旋式上升的三个阶段：第一个阶段，为秩序的破坏而哭闹，秩序一旦恢复就会安静下来；第二，为了维护秩序而说“不”，自我意识开始萌芽；第三，为了维护秩序而执拗，一切要重新来。

平时一家人吃饭都是宝宝挨着奶奶做，如果有一天爸爸挨着奶奶坐了，宝宝见了就会哭闹，或者要求改变。如果家人告诉他，今天他不和奶奶坐在一起是因为奶奶累了，让妈妈照顾他吃饭，他还是不同意，最后还得恢复原样。这时，聪明的家长可能会想出既让宝宝挨着奶奶，又让宝宝挨着妈妈的坐法。

孩子对于秩序的完美，有着一种近乎顽固的追求，比如，东西就应该放在哪里、哪件事就应该先发生、谁应该做这件事，等等。父母可能会觉得孩子太执拗了，其实秩序是一种有条理地、有组织地安排各构成部分，以求达到正常的运转或良好的外观的状态。孩子在这个时期构建好了内在的秩序，将来就可能是个有秩序、懂规则的人。

著名的儿童教育家蒙台梭利在《童年的秘密》一书中提到，孩子从出生一直到2岁多是对秩序最敏锐的时期，因为他需要一个有秩序的环境来帮助他认识事物、熟悉环境。一旦他所熟悉的环境消失，就会令他无所适从。到了3岁的时候，孩子对于秩序的要求会达到执拗的程度。例如，妈妈没有像往常一样先让孩子上车，而是自己先上了车，他是一定会坚持让妈妈下来，等自己上去后妈妈才可以上去。

如果孩子从小生活的环境是一个拖鞋到处放、衣服满屋扔、地上的垃圾随处可见的环境，那么孩子长大后，让他生活在干净、整洁、有序的环境里，他会非常不习惯，因为他已经形成了“无序”的人格结构。

教养关键08

和孩子内在的秩序配对

孩子自有一套内在的秩序，这个秩序是一套科学、系统的秩序，我们不具备更大的能力去把握孩子的内在秩序，但是我们可以知道那是自然法则，是真的、善的、美的。6岁前的各个敏感期其实是孩子内在秩序的一个外显，是大自然生命规律给我们的提示，我们唯有配合，为孩子营造一个有秩序的外在环境，孩子才能顺利地成长。

1. 尊重宝宝的敏感反应

如果在餐桌上，妈妈帮孩子夹了菜，孩子非要妈妈弄出去，自己来夹的时候，妈妈不要埋怨，把菜放回去，让孩子自己夹好了。父母要理解孩子此时的心情。

孩子从妈妈温暖舒适的子宫里出来后，期盼着生活仍然有秩序。在“精神胚胎”的指引下，孩子内在的生命秩序启动了，而且会一遍遍重复原有的秩序，不断地巩固安全感，直到孩子把握了这个秩序的恒定，迎来下一个能力发展的敏感期。

那些内心秩序感建立得好的孩子，长大后做事情会很踏实，因为他们有着完好的内心秩序感，懂得如何与外在的环境协调，不会自己先乱了阵脚，导致不知如何应对外界。孩子良好秩序感建立的过程，也是健康人格培养的过程，所以父母要尊重孩子敏感期的反应，给他营造一个良好的外在环境，让孩子做到真正的健康成长。

2. 从小事入手培养孩子的秩序感

父母还需注重日常生活中的细节，从小事入手培养孩子的秩序感。父母需在日常生活中逐步培养孩子做事的条理性：从外边回到家里先换上拖鞋，再将脱下的鞋放好，鞋柜的下层是孩子的，孩子的鞋都放在那里；每天晚上睡觉前要洗脚，洗脚前先把拖鞋和毛巾准备好，洗好之后用洗脚水洗袜子，用完毛巾挂起来；玩过的玩具要放进玩具箱；看过的书要按着原来的顺序放到书架上，等等。

当然，在教孩子做事有秩序之前，父母先要给孩子一个有秩序的环境。比如：作息时间科学有条理；做事情有条不紊；碗都放在碗柜里；香皂放在皂盒里；爸爸妈妈和孩子的牙刷毛巾都有各自的位置，不混淆使用，等等。有秩序的环境能满足孩子内心对秩序的需要，帮助他们巩固秩序意识。

模仿：一种重要的成长模式

一个朋友曾跟我讲了一件趣事。早晨起来，她拉着老公的胳膊说：“好老公，给我200块钱吧！”谁知，这话被2岁的女儿听到了。女儿跑过来，拉住爸爸的手，一边晃一边说：“好老公，给我200块钱吧！”夫妻俩被逗得哈哈大笑，没想到这个小鬼头竟然学得这么快！

还有一个故事。妈妈对孩子说：“去，找你爸爸去！”孩子来到爸爸跟前，说：“找你爸爸去！”爸爸抱着孩子就去了爷爷家。

2岁左右，孩子的模仿敏感期来了，所以会很快地习得他们所见到、所感兴趣的言行举止。如果你不懂动心思，还真容易“受骗”呢！

模仿的敏感期

孩子模仿的敏感期到来后，在一段时间内，他会对来自环境的特定刺激进行模仿，在我们没有察觉的情况下，孩子就学会了很多的东西！孩子最先模仿的往往是动作。孩子看到大人做什么，他也那么做。接下来，他还会模仿声音、行为模式等。

模仿是孩子学习的一种模式。行为主义学习理论的创始人班杜拉认为，除了从自身的行动结果中获得学习（行动性学习）之外，人类很大一部分学习是通过观察其他个体的活动而进行的观察学习。这其中，被观察者就是榜样。一方面，相比于从实际的行为中学习，观察学习加速了学习过程；另一方面，观察学习还可以避免学习者经历有负面影响的行为结果。

不要担心孩子模仿多了，就会失去自我。其实，模仿是孩子通向独立的一个必须经历的阶段。如果家长武断地制止孩子的模仿行为，那么孩子的认知和智能发展就会受到阻碍，心理的成长也会受到影响。

具有吸收性心智的孩子，每一个生长需求都是为他的能力发展服务的。满足孩子是对孩子最好的爱。孩子在模仿中能学会很多东西，并获得身体和智能上的锻炼和提高。

教养关键 09

营造良好的成长环境

模仿是学习的重要方式。为了让孩子养成良好的行为方式，父母要注意自己的行为，以便孩子习得正确的行为方式。

1. 父母先要做好自己

对于 6 岁前的孩子来讲，良好的成长环境主要是指的家庭环境，以及幼儿园环境。模仿敏感期在 2 岁左右到来，这个时候，孩子的模仿对象还是家里人。父母的言行举止最容易被孩子模仿。所以，父母要保证自己的语言文明、正规、文雅，举止也要文明讲礼、尊重他人，平时要多读书、少看电视、少玩游戏。

2. 让孩子少看电视

孩子出生后，大脑皮层发育的第一个部分是感知觉区，他需要通过多种感知觉，比如口的动作、手的动作等来获得对物体的感知，并进行比较、分类，最终形成概念。当某些特定的时刻，新的突触连接大量形成的时候，学习某项技能的效率就会很高。如果孩子错过这个时机，就会影响他各种能力的发展，包括脑部发育。而孩子坐下来看电视，正是在耽误他获得技能的绝佳机会。

电视带给孩子的是直观的音像刺激，孩子始终处于被动地去接受图像的状态，没有了主动分析和加工所看到的东西的过程，弱化了大脑的思维能力。

班杜拉在研究中发现，年幼儿童常常会模仿电影中的攻击行为。对此，他曾发出警告，大量的媒体，尤其是电视和电影提供了许多社会学习的影响源："在塑造行为与学习态度上，大量媒体发挥了重要的影响作用。随着象征性的榜样的使用，家长、教师以及其他传统角色所发挥的榜样作用在社会学习上占的比重越来越小了。"

3. 支持孩子模仿

父母做事情，孩子也凑过来做的时候，父母可以放慢速度一点一点地教孩子。不管孩子做的好不好，只要孩子用心做了，就会有收获。

有些事情，为了不让孩子习得，父母可以躲开孩子做。比如，妈妈用刀切东西、用针缝衣服等，最好趁着孩子不在家或者孩子睡着了的时候进行，以免孩子也模仿着妈妈的样子去做，却因控制不好而伤到自己。

追求完美的两个阶段

灿灿是个2岁半的小女孩，对什么都要求特别高。有一天，她要吃梨子，妈妈找了半天，找到了一个有点儿蔫的梨子，谁知灿灿说什么也不要，妈妈没办法，只好下楼买新的。

慢慢地，妈妈发现灿灿越来越“臭美”。每次妈妈给她系鞋带，都要反复折腾好几次。妈妈的口红除非不让她看到，看到了就成了她的，对着镜子不断地擦，回头还问妈妈：“红不红？”每次妈妈给她梳头的时候，她都这样那样地指挥，让妈妈梳成各种样式，俨然一位小发型师。

妈妈疑惑，这么小的孩子，怎么这么臭美呢？

审美敏感期

审美敏感期是呈螺旋式上升的，而且持续时间比较长，2~5岁时，都会有很强烈的表现。第一个阶段在2岁多的时候出现，这个阶段的孩子，要求食物和用具必须完整，当妈妈把馒头掰开给孩子、从他的苹果上咬一口、衣服有一些褶皱、被子没有放平等都会让孩子不开心，他会要妈妈赔一个新的或者重新弄。

大概在 3 岁以后，孩子就不再纠结于完美的食物和完整的事物，而是开始对衣着打扮产生浓烈的兴趣。比如，发现鞋上有一点儿脏东西，孩子会拒绝穿，直到父母弄干净了。由此看来追求完美确实是人的天性，完美会让一个人感到快乐，内心趋于安定，所以父母要支持孩子追求他们眼中的完美——完整、整齐，这不但是孩子将来能够追求事物的完美、整齐、规则的基础，而且是孩子道德发展的基础。孩子的成长是个连续的过程，这个过程不但是孩子智能发展的关键时期，关系到孩子的素质发展，而且还会奠定人格发展的基础。

2~5 岁是孩子自主能力、自理能力的形成阶段，父母可以利用孩子对完美接受得比较快的特点，帮助孩子养成吃饭、穿衣、整理自己的物品的良好习惯。让孩子感受到，实现完美要靠自己动手。

教养关键 10
引领孩子追求美

孩子以自己的行动要求获得他所期待的美，可有些行为在父母看来有点儿离谱，但是父母一定要明白这不是孩子无理取闹，而是他们自身成长的需要，他们的内在生命秩序决定着他们需要这样一个阶段来为未来的审美、道德、规则等的发展奠定相应的基础。父母要怎么做呢？

1. 支持孩子

当孩子有了审美敏感期的特定表现时，家长不要烦躁，也不要觉得从自己的观点出发没什么大不了，从而对孩子的要求不管不顾。父母一定要认识到审美敏感期是关系到孩子成长的大事，要明白孩子在这个特定阶段就是如此，父母支持，孩子就能很好地度过这个阶段，顺利地进入下一个敏感期。

2. 让孩子展现美

顺应孩子对美的敏感，带孩子参加一些与美相关的活动，比如梳个漂亮的头发等。这样孩子会明白，美是能给别人带来快乐的，孩子可以从别人的赞许声中获得自信，增强对自己的认可。

我认识一位60多岁的阿姨，每次见到她都是衣服穿得很得体、头发梳得一丝不苟的样子，让人看着很舒服。后来，跟她聊天，她谈起自己的妈妈。她说，不管什么时候，我们姐妹出去都是衣着亮丽的，妈妈说："现在，你们是妈妈心中的公主，长大后，你们要做自己心中的公主!"

3. 要靠自己努力实现美

美要靠劳动去创造。父母要让孩子适当地参加洗衣服、擦地、收拾鞋子等小工作，付出了就会珍惜，孩子的美感也就在这个过程中建立起来了。

手工制作具备很强的美育功能。现在有很多手工制作书，只要孩子按着书上的提示撕下来粘贴上即可，很适合年龄稍小的孩子。对于年龄大一些的孩子，就可以按着自己的设计来制作。父母给孩子准备好橡皮泥、锡纸、剪子、胶水、纸板等需要的材料，让孩子自己分类、裁剪、粘贴，等完成一件作品后，孩子的成就感将是非常强的。

孩子手工制作的东西有可能不是很好，看起来"怪异""奇特"，但是在孩子眼里一定是美的，因为那是按着他心中的标准塑造的，是他这个年龄阶段对美的展现。对此，父母一定要夸奖孩子几句："哦，这个小鸡有一双美丽的翅膀啊!""剪纸的线条非常的流畅!"

父母应该放手，让孩子自由地去创造、创作。这种自己设计、自己表达、自己创造的活动，将促进孩子对美的感受与追求。

不断地说“我的”“就不”

佳佳是一个4岁的小女孩。那天，邻居家的小弟弟在他们家睡着了，奶奶就把佳佳的小被子给小弟弟盖上了。佳佳从幼儿园回来，看到这个情景，一把就把小被子掀起来了，说：“这是我的小被子!”奶奶没有办法，只得给小弟弟盖了另一床被子。

这就是处于自我意识敏感期的孩子的典型表现。自我意识敏感期会持续得比较久，直到7岁孩子都会是一种坚守自我的状态。

自我意识的敏感期

孩子的心灵构建是基于一个敏感点的成长，是一个器官一个器官的成长。这是一种科学的秩序，是孩子对我们成人教育者的提醒，我们绝不可以忽视。经历了每个器官敏感期的快速发展后，随着这些器官各自的不同期的成长和心灵的发育，在6岁前后，这些器官就能很好地联合起来，心灵就有了一个统一实体。孩子能够说出“不”“我的”，就是这个心灵实体初步发展，且有了一定能力的体现。

两三岁的宝宝，当他说“我要自己来”“我的”的时候，就表明了他开始意识到自己具有影响周围人和环境的力量——这是孩子心理发展的第一次飞跃。有些父母因为习惯了孩子受自己的“摆布”。让孩子干什么，孩子就干什么；为孩子做什么，孩子就接受什么。孩子突然变得有主见，会让父母很不适应，觉得孩子在反叛、对抗。其实，这种抗拒是孩子心理迅速成长的表现，也是独立性和自信心发展的好时机。

孩子两三岁后已经可以独立行走，思维得到了进一步的发展，语言能力也得到了开发，具备了表达自我、探索世界的能力。当他按着自己的意识开始探索世界时，希望自己的行为能够顺利进行，不愿意自己独立的行为受到限制和干涉，否则，就会寻求自我保护或者“反抗”。因为此时的孩子正处于自我的敏感期，对阻挡他展现自我的行为是非常气愤的。如果父母制止，孩子就会强烈反抗，高声说“不”，大声哭闹！父母不要被他强硬的态度迷惑了，认为他想做的事情就是考虑好了的。这个年龄段的孩子在考虑事情的时候，只能考虑一个维度，考虑不到后果和动机，没有什么判断力，也没有能力区别对错，以及什么是危险的活动，他的想法就是我想这么做我就要这么做！如果有危险，父母一定要想办法制止孩子。

教养关键11

帮助孩子建立自我

处于自我意识敏感期的孩子渴望彰显自我的心情非常迫切，他想着法儿地要别人明白，“我是有能力的”“我能自己做事”。面对这样一个小大人，我们家长应该怎么做呢？

1. 让孩子体验被尊重

妈妈给孩子买东西的时候，可以对孩子说：“宝贝，这是给你买的！”吃饭的时候，妈妈可以对孩子说：“宝贝，妈妈做了你最喜欢吃的菜！”当妈妈要把孩子的东西送人的时候，可以先问问他："你愿意把这个送给小弟弟吗？"

被尊重的感觉能够让孩子心里很舒服，因为它契合了孩子当下的心灵需要，孩子的自我发展会更好。我们知道，6 岁前孩子成长的中心主题就是构建自我，自我构建不好，孩子长大后就很容易从众、依赖、自主性差。

2. 让孩子认识自己的能力

父母做事情的时候，可以给孩子提供一些施展能力的机会。比如，妈妈看电视的时候，可以对孩子说："宝宝，帮妈妈把遥控器拿过来！"孩子做了之后，妈妈要对孩子说："谢谢！"妈妈去买菜的时候，可以让孩子帮着拿一些。这样既锻炼了孩子的体能，也让孩子有了自己很强大的感觉。

3. 不能一味向孩子妥协

尽管父母要尊重孩子，但是有些事情父母不能听之任之，以免让孩子养成不良的习惯。

比如要吃饭了，孩子在玩玩具，妈妈可以先问问孩子："宝贝，先吃饭好吗？"如果孩子不同意。妈妈就要跟他解释："到了吃饭时间，大家一起吃！如果你想玩下去，今天就没有饭吃了！"这样孩子就会懂得，有些事情是不能按着自己的意志来的。

不过，如果孩子正在玩儿玩具，父母认为吃水果或喝水的时间到了，父母就没有必要非得打断孩子，那样的话，反而影响孩子良好"自我"的构建。

总是挑那件粉色衣服穿

果果是个3岁的小女孩，平时买衣服的时候，妈妈问她喜欢什么颜色，果果会非常干脆地说：“粉色！”不光买衣服，买鞋子她也会首选粉色。妈妈纳闷，这么小的孩子就有了自己喜欢的颜色了？真是很奇妙！

最近，果果喜欢上了用彩笔到处画，墙上、地上、桌子上、书本上，没有一处不充满她的“作品”的。有一天，爷爷睡着了，这个淘气的孩子竟然给爷爷的裤子上画了一个大红苹果，还说爷爷出去遛弯的时候，渴了就拿下来吃。

妈妈想，这个孩子是不是到了色彩识别的敏感期呢？应该怎么引导呢？

色彩的敏感期

武汉大学儿童发展研究中心主任杨健教授认为，孩子从睁眼到看清世界所有色彩，要经过4个时期，即黑白期、色彩期、立体期和空间期。孩子在4个月左右才迎来视觉的色彩期。4个月后，孩子的视觉神经会对彩色的东西很敏感，但还是限于纯度高的三原色——红、黄、蓝。父母可以拿带有这些颜色的玩具在孩子眼前晃动，刺激孩子的视觉和大脑发育；然后，逐渐地把视觉刺激范围扩大到橙、绿、紫。

孩子最初认识色彩的时候，有一点父母一定要注意，那就是教孩子认识一种颜色的时候，不要引入其他的色彩，比如说，这是紫色，不是红色！这样教孩子，会扰乱孩子对色彩的记忆，因为此时孩子头脑里的概念还不清晰。

孩子对颜色的辨别能力和命名能力是随着年龄的增长而不断增强的，到了三四岁的时候，孩子特别喜欢认识、辨别颜色，这时色彩的敏感期就到来了。跟进入其他的敏感期一样，这个阶段，孩子可能反反复复地给涂色书涂色，往衣服上、身体上涂色，甚至穿衣服的时候，只挑他最近热衷的那一件，根本不在乎款式、洁净程度。

教养关键 12

给孩子一个有色彩的世界

处于色彩敏感期的孩子，能够较快接受色彩对身体的刺激，从而掌握色彩、提升对外界事物的审美能力。为了让孩子更好地认识色彩，父母可以从以下几方面给孩子一个有色彩的世界。

1. 多彩的衣服

等孩子稍大一些，可以给他多买点儿颜色多样的衣服，不要总是红、黄、蓝那些简单色，增加一些混合色让他看，比如草绿、翠绿、墨绿等，潜移默化中，就会让孩子眼中的世界变得色彩越来越丰富。

一年四季，每个季节都要带孩子出去走走。孩子 2 岁以后，父母就可以把他带到大自然、大街上，让他亲身感受五光十色、万紫千红的世界，以促进其视觉更好地发育。

另外父母要谨记，如果孩子长期只看同一色系，会导致他视觉迟钝。

2. 房间色彩巧布置

色彩会影响孩子的视觉发展，进而影响情绪以及日后的成长。很多人都认可了五彩缤纷的婴儿房可以激发孩子的智力，但是布置房间一定要讲究科学。粉色、淡黄、浅蓝、淡绿使人感到轻松、愉快，可以作为婴儿房的基本色调；家具色调可区别于墙壁主色调；体积较大的家具不宜用太过鲜艳的颜色，而应保持柔和的色调，如粉色、浅蓝色、淡黄色等，以减少过强的刺激；而白色和黑色在婴儿房要慎用。适宜的布置有利于孩子心情的放松和平静，也有利于睡眠以及固定习惯的形成，还有利于稳定个性的养成。

红、橙、黄、黄绿色等暖色组，在视觉上可以放大事物的外形，容易使人产生兴奋、热情、易疲劳等感觉，可作为婴儿房里适当的点缀。在天花板和墙壁上绘上大块几何图形，或把色彩鲜艳的玩具悬挂在墙壁上，能刺激孩子爬行、行走等动作能力和手眼协调、抓握能力，还可以吸引孩子对周围环境的探索和学习。体积小的、易于拿取的物件应采用鲜艳的颜色。鲜艳的色彩有利于视觉的丰富、思维的活跃，便于适当地刺激孩子的兴奋点，调动他的活力与积极性。

3. 任其涂鸦

随着孩子的不断长大，他会喜欢在墙上涂鸦。涂鸦可以促进孩子观察力、记忆力、想象力、创造力和动手能力等多种能力的发展。如果父母在装修的时候，就在墙壁、地板上留有让孩子涂画的专用场地，那就为他准备好彩笔就行了；如果没有，那就为孩子准备一块绘画板，让他尽情地涂画。如果孩子是在纸上画，把他的画张贴出来，能够起到鼓励的作用。

4. 玩色彩搭配游戏

父母可以和孩子玩一些色彩搭配游戏。比如，妈妈把一个色彩特别鲜艳的画剪裁成几部分，然后让孩子拼接。一边拼的时候，妈妈一边说出颜色，这样有利于锻炼孩子的色彩感。

把孩子的洋娃娃拿出来，然后让宝宝给娃娃配衣服。只要是孩子搭配的颜色，父母就鼓励几句，以让孩子更主动地去进行色彩搭配。

妙语连珠的“小语言家”

娟子是一个4岁的小女孩，一段时间来新词多得让妈妈吃惊不已！有一天，妈妈说：“宝宝，吃饭了！”谁知，娟子转身，眨着眼睛对爸爸说：“爸爸，吃早餐！”早餐？家里人可从没这么说过！孩子竟然熟练地用出来了！

家里来了客人，也正巧有小朋友来找娟子玩。娟子和小朋友出门的时候说：“我家里有陌生人，咱们出去吧！”连客人都被逗乐了。女儿每每妙语连珠的时候，妈妈都会感叹女儿的变化真是快啊！

语言的敏感期

谈起孩子语言的发展，有一个著名的故事，就是1929年，辛格牧师在他的《狼孩和野人》一书中讲述的狼孩的故事。

1920年，在印度的丛林里，人们发现了两名被狼哺育大的女孩，一名8岁，一名2岁左右。这两个孩子大概都是出生半年后被狼衔去的。两个孩子后来被孤儿院院长辛格牧师抚养。他虽然努力让两个女孩回归到人类生活，但是她们处处显露出狼的本性，她们不肯穿衣服、不肯吃熟食、不肯睡床。

那个 8 岁的女孩，由于错过了各种能力发展的敏感期，学习起来特别费劲。仅仅教会笑这一个表情，辛格牧师就花费了 2 年的时间。经过 4 年的教育，年龄大的女孩才会说 6 个单词。

狼孩的故事告诉我们，错过了语言发展的敏感期，孩子有可能一生都不能很好地讲话。

语言是人类通过高度结构化的声音组合，或是通过书写符号、手势等构成的一种符号系统，同时又是运用各种符号系统来交流思想的一种行为，是一种社会现象。孩子最初的语言学习，首先就是习得声音组合。

孩子语言的发展，最初是将他认知的事物同概念进行配对。比如，孩子知道了树，见到树后，就会指着树说：“树！”有这种表现的孩子大概 1 岁。有些孩子七八个月就开始说话了，但词汇还比较少，比较广义。到了 2 岁，孩子的语言会有一个大的跨越，看到树会很轻松地区分出“杨树”“柳树”，而且热衷于这种区分，因为这是孩子概念发展的敏感期，孩子要把脑子里的印象跟更具体的概念对号，以完成词语的积累。孩子 3 岁时，还会有一种特别的现象，那就是说重话、诅咒的话，比如：“我把你的眼睛挖下来！”“你去死吧！”父母千万不要以为自己的孩子学坏了，这只不过是孩子在这个阶段的特殊反应，他在享受说重话的快感，过了这个时期就好了。

随着孩子心智的发展，到了 3 岁左右，孩子对语言的敏感已经发展到了句子。孩子已经能够独立表达比较完整的语义，很多词语的运用让大人都惊叹。这就是 6 岁前孩子的能力——能够快速无意识地吸收环境给予的刺激。和孩子处于其他敏感期喜欢重复一样，这个阶段的孩子，会反复说一句话。

教养关键 13

促进孩子语言发展的好方法

学习语言有两个紧密相连的发展方向：一个是学习语言过程的无意识活动，另一个则是在此之后的有意识过程。

6 岁之前，属于无意识学习语言的状态，等孩子长大了，这个过程会被他们遗忘，这正是吸收性心智的巨大作用。面对 6 岁前孩子强大的吸收性心智，我们家长所能做的就是给孩子创造一个良好的、有有效刺激的语言环境。

1. 孩子的记忆特点

不管是一两岁的小不点儿，还是三四岁的小大人儿，虽然他们处在语言发展的不同敏感阶段，但是都有一个共同的特点，就是重复，只是重复的内容不同罢了。

所以，当孩子提出重复听同一个故事的时候，父母不要厌烦，重复讲就好了。就是在家里放录音的时候，也要适当地重复。

儿歌、诗歌这些切合孩子理解能力、表达能力而创造的语言文本，多读一些，还能提高孩子的思维能力。儿歌一般说来比较押韵，读起来朗朗上口，记忆起来也比较容易。妈妈可以采用妈妈读一遍、孩子读一遍的形式，重复几次后，孩子自然而然就记住了。

2. 创造良好的语言环境

家庭语言环境是孩子学习语言的起步。近年来，大量研究成果表明，孩子的语言能力发展在很大程度上依赖于家庭的语言环境。比如，家庭成员的语言水平、说话方式、文化修养、家庭藏书情况，等等，都会影响孩子在语言上的发展。

家庭成员如果说话粗俗、词汇贫乏，孩子就无从学习规范的语言。父母一定要注意为孩子创造一个讲普通话的环境，说话时，发音正确、词汇丰富、语言精练通达、符合语法规范，重视用标准的语言训练孩子，加快孩子学习语言的进程。

亲子之间的交流是孩子学说话的好机会。父母和孩子说话时，要做到放慢语速，口齿清楚，声调温和亲切，即使生气的时候也不要严厉地恐吓孩子；妒忌他人的酸话、坏话都不要在孩子面前讲；多用积极鼓励性的语言，避免使用消极的、负面性的语言；多用询问、建议的语气，少用命令的语气。语言能够起到强化孩子行为的作用，孩子做了好事，父母可以描述，做了错事改过后就不要再提了。

3. 让孩子多交流

孩子和小伙伴一起玩，也是学习语言的好机会。这是因为，孩子在与同伴交流时，大脑需要不断地思考“说什么”“怎么说”，在快速组织语言的过程中学会分析、综合、演绎、归纳等最基本的思维方法，思考的敏捷性和逻辑性同步得到提高，促进大脑的发育与语言的发展。

从交换开始的社会交往

一次，我在街心花园的长亭里休息，无意间听到两个孩子的对话。高个孩子说："你玩我的青龙刀，我玩你的滋水枪，好吗?"矮个孩子一脸傲慢地说："你那刀，我早玩过了!"高个孩子脸上露出了失望的神色，眉头紧蹙。不过很快，他的眉宇又舒展开了，轻轻地说："明天我把《哈利·波特与魔法石》借给你看，好不好?"矮个孩子一下子眼睛就瞪大了，瞳仁里闪着喜悦的光，很不舍地把手里的滋水枪递过去说："让你玩一会儿吧!"至此，两个孩子都开心了。我也很有收获，因为我发现了孩子们之间的交往是非常有意思的，他们的交往能力仿佛是天生的。

人际关系的敏感期

教育孩子的目标就是培养孩子的社会化人格，使孩子掌握并拥有社会认可的行为方式，这样孩子走上社会后才能生活得自在、开心。孩子人际关系的发展，是在6岁前的无意识接纳阶段进行的。人际关系的敏感期呈螺旋式发展。3岁左右，孩子在与伙伴交往的过程中，会产生一对一的相互交换食物和玩具的交流方式。孩子的这种简单的交换方式可能是他在玩耍中发展出来的。比如，孩子想玩别人的玩具，别人不给玩，这时候就要解决这个问题，于是就想出了交换着玩的办法。

交换也可能是父母教会的，或者从别的孩子那里观察学习到的。当看到别人有什么好玩的、好吃的东西时，孩子就会想要。此时，是父母帮助孩子习得交换方式的好时机。父母可以对孩子说："你要想玩小姐姐的玩具，先把自己的玩具让小姐姐玩吧！""给姐姐一块小饼干吃，回头姐姐有好吃的了就会给你玩具玩！"

随着孩子不断地与小朋友接触，交往的内容不再是互惠的食物、物品的交换，而是彼此间的依赖，也就是感情的传递。有些父母见到过这种情景，一个孩子因为想妈妈哭了，一起玩耍的另一个孩子也会跟着哭。这种情感不是大人教的，而是具有吸收性心智的孩子自然而然习得的，他们把对方当成朋友。

也许孩子不能很好地做出关于朋友的解释，但是一天不见到对方他会有想念的感觉，就要去找对方一起玩，有什么好东西会想着与对方分享，如果朋友被人欺负他也会帮忙。关于孩子这些肯为朋友付出的纯真的表现，有时父母都搞不懂他是什么时候习得的。其实，这就是孩子，具有吸收性心灵，他在"精神胚胎""社会胚胎"的引领下，什么都学得很好。

还有更奇妙的事情呢！孩子们在交往中竟然能够处理好"控制"与"被控制"、"吃亏"与"不吃亏"、"同盟"与"非同盟"之间的关系，在此基础上，碰撞出每个人都喜欢和受用的规则，让孩子间的交往顺利进行。

教养关键 14

促进孩子的社会性交往

孩子长大后的社会交际能力，很大一部分来自幼时的交往经验，所以给 6 岁前的孩子提供良好的交往刺激，对孩子交往能力的发展是非常有用的。

1. 让孩子走出去

对孩子最大的伤害之一就是父母的溺爱。有时候，溺爱给孩子带来的伤害会是毁灭性的。对 6 岁前的孩子溺爱的典型行为就是不让他冒险。在那些溺爱的家长眼里，孩子自己下楼、自己吃东西、和小朋友在一起玩都是危险的，他们要把孩子拴在自己身边、抱在怀里，这样孩子才不会摔倒、不会被小伙伴欺负、不会摔跟头。

溺爱的父母是通过牺牲自己来满足孩子的需要的。每个人心中都有一个“内在的父母”和“内在的小孩”。“内在的父母”是我们对自己的现实父母和自己理想父母的内化，“内在的小孩”是我们对自己童年体验的记忆和自己理想童年的内化。实际上，溺爱源自父母的自恋，溺爱的父母无视孩子真实的成长需要，将自己“内在的小孩”投射到现实中的孩子身上，他们无节制地给予孩子，其实是在无节制地满足自己。这种养育方式的危害性就在于他们无视孩子的存在，只顾着满足“内在的小孩”的需要，因为如果不是这样，他们自己就会有失落感。

要想彻底改变这类父母的教育方式，杜绝溺爱，就需要父母正视孩子的存在已经不是当年的那个自己，了解孩子是一个怎样的独立个体，真正地给他们爱和自由。

2. 给孩子确立分享的原则

孩子在成长的过程中，会有某个短暂的特定阶段对人际关系的刺激特别敏感。这个时候，父母除了满足孩子的需要，还要帮助孩子明白一些道理。

比如，当孩子要拿别人的玩具时，父母应告诉孩子："别人的东西不可以拿！实在想玩，要征得别人的同意！"当别人要孩子的东西时，不要为了显示孩子的大方，或者为了教孩子分享，就强迫孩子给别人，这样会让孩子觉得自己的东西能够被强制性地给别人，我也可以强行拿别人的东西。想让孩子分享之前，要询问孩子的意见，让孩子做主，让孩子明白自己的东西给不给别人要由自己决定。这样分享在孩子眼里才是友好地享用，而不是交换或者占有。

3. 参加互换活动

当下，流行一种儿童闲置品互换活动，很受孩子和父母的欢迎。孩子容易被充溢着奉献与获得的氛围感染，互换的欲望会很强烈。

在互换过程中，父母要给孩子机会，让孩子自己去挑选自己需要的物品，然后和对方交涉、互换。不过，这个活动比较适合 4 岁以上的孩子参加。

喜欢吹、拉、弹、唱

4岁的乐乐吃罢饭，在房间里玩，爸爸打开电脑听歌。一会儿，乐乐就冲爸爸喊：“爸爸，听阿牛的《桃花朵朵开》！”当阿牛清新而富有节奏感的歌声响起来的时候，乐乐马上就跟着哼唱起来。如果再赶上乐乐开心了，他还能和着音乐即兴跳上几段舞蹈呢！

妈妈觉得乐乐的乐感太好了，她想好好培养培养孩子，但是却不知道该怎么培养。

音乐的敏感期

和其他的敏感期一样，当音乐敏感期到来的时候，孩子在感受音乐刺激时，接受能力特别强。抓住这样的机会让孩子学习音乐，孩子会因为学习得特别轻松，而效果特别好，并且容易对音乐产生兴趣。

生活中总是有个别父母，因为自己喜欢音乐，就特别希望孩子在音乐方面发展，于是早早就把孩子送进培训班。这样虽然给孩子提供了良好的音乐刺激环境，但是如果在孩子没有兴趣的情况下学习，音乐留给孩子的会是痛苦的感觉，孩子是无法学好的。

谈到对音乐的认识，有些父母习惯性地会想到当歌唱家、音乐家，提升气质，等等。其实，音乐是 6 岁前孩子内在建设的一个方面，孩子最终的音乐成就不但取决于孩子受到了怎样的外在刺激，还取决于孩子有着怎样的独特天赋。加德纳把人的智能结构分成了 8 种，音乐智能就是其中的一种。

一个孩子音乐智能如何，需要从孩子小的时候起就观察。有的孩子听到音乐就能随着舞动，并且能踩在节拍上，这说明孩子的乐感还不错。音乐的敏感期大致从孩子半岁就出现了，因此，从小就可以开始对孩子的音乐启蒙。到了 4 岁的时候，孩子对音乐的敏感会发展到极致，最容易接受外界的音乐刺激。抓住这个时间段，对孩子的音乐发展至关重要。

音乐敏感期所期待的外界刺激，不是像口的敏感期到来时带有天然性质，即不需刻意安排就能实现“吃手”“啃脚”等动作，而是需要构建一个良好的音乐环境，比如，音乐本身、音乐设备、音乐氛围等。如果妈妈在家里喜欢哼歌或者家里经常播放某首歌曲，孩子很容易就能哼唱出来，而且是不经意间就能唱出。反之，一个从没有听过歌的孩子，他的乐感可能就比较差，反复听可能都记不住几句。

教养关键 15

如何发展音乐才艺

人类对艺术的追求和感觉是与生俱来的，这也正是生命的微妙之处。音乐是全世界通用的语言。音乐作为一种表达心灵感受的语言，不仅可以提高孩子对情感的感受和体验能力，还能陶冶情操，提高孩子的文化修养。所以，让孩子这个具有艺术天性的群体用自己独特的视角和感受，用艺术的方式和思维，表达他们对眼中世界的真实感受，以及耐心地观察和接受孩子自然的天性，才是成人培养孩子最为适宜的方法。

1. 简单而有效的支持

小孩子是很顽皮淘气的，但是孩子的能力发展、智能发育就是在这样的淘气活动中获得的。很多家庭用餐前，饭桌上都上演过“打击乐”。孩子拿着筷子，对着碗盘猛烈地敲击，一边敲，嘴里还随着节奏“嗒嗒嗒”地喊。饭前交响乐虽然有些吵，但是对孩子来讲却是一次很好的倾听声音、感悟音乐的练习。

拨浪鼓、小锤子等可以敲出声音的玩具是一定要准备的。虽然孩子对曲调还不是很敏感，但节奏能对他产生刺激，父母要加强这方面的训练。比如，父母喊节奏，让孩子敲击物品等。

2. 鼓励孩子的音乐表演

6 岁前的孩子模仿能力特别强，他们会努力模仿通过电视、电脑、广播等看到或听到的表演。每逢这个时候，父母都要鼓励孩子：“宝宝唱得真好！”“宝宝跳得真美！”

父母也可以把孩子的小伙伴约到家里来，秀秀嗓音。孩子是非常喜欢集体活动的，一个孩子唱起来，其他孩子唱歌的热情就会大大提升。

3. 关于报班

孩子有没有音乐天赋，要靠父母的观察。这时期，父母的态度很关键。有些孩子之所以没有特长，就是因为父母发现孩子具有某方面的灵性后没有重视，错过了最佳发展期，让很多成长的可能性变成了不可能。

关于音乐天赋的培养，当然是进入专业的培训机构学习最好。但是父母给孩子报班前，一定要跟孩子商量好。最好让孩子先学习一段时间，如果孩子愿意学，就进一步行动。孩子最初的学习，以培养兴趣为主，不要着急看到成果。

涂涂画画真快乐

娟娟最近迷上了绘画，本子上、书上，就连妈妈的衣服上她都画上了画。每次去买东西，她什么都不要，只买彩笔、画纸、图画书。

每次买回图画书，娟娟都会照着画，有小鸟、小老虎、大树，还有妈妈的鞋子、房子。有一次画完后，她对妈妈说："等我长大了就建一座这样的房子送给妈妈！"

妈妈看着女儿认真绘画的样子，甭提有多开心了！

绘画的敏感期

孩子三四岁的时候，进入了绘画的敏感期。这个时期的孩子，眼睛很亮，满眼都是画，灵感随时都会来。很多以前喜欢的玩具，此时在他们眼里不再受宠，而画笔、涂料显得更加富有魅力。他们热衷于摆弄画笔，寻找色彩的秘密，他们的一双小手喜欢摆弄颜料，到处抹。孩子通过色彩去认识真实的世界，拿起画笔用色彩来表达想象中的世界。那些看似杂乱的描画，却有着对色彩的认识，对笔的使用和对世界的探索。

三四岁的孩子，储存在大脑里的表象已经足够多，他们想通过笔表达出对外界的感受。不断地涂涂画画促进了右脑的发展，脑的联想、变化、跳跃、发散的功能也得到了很好的发展。人的大脑是一个整体：左半球重于想象思维，负责语言、阅读、书写、数学运算和逻辑推理等；右半球重于形象思维，负责感知物体的空间关系、情绪、音乐和艺术欣赏、舞蹈、雕塑等。对低龄儿童来说，右脑占较大优势，但随着年龄的增长，这个优势会逐步减弱。所以，我们应该抓住时机，巩固和发展孩子的形象思维优势和创造性思维。

在心理学家加德纳的智能结构理论里，有一种非常重要的智能形式叫作空间智能。具有空间智能的孩子能够准确感知视觉空间及周围一切事物，并且能把所感觉到的形象以图画的形式表现出来。有这项智能的人对色彩、线条、形状、形式、空间关系都很敏感。

即使孩子很早就表现出了绘画的天赋，也并不代表孩子一定能够成为画家。但我们应该支持孩子绘画，因为绘画对孩子的成长有着很强的促进作用，可以锻炼孩子的想象力、图形理解能力、用画笔的表达能力、动手能力等，从而促进大脑皮层的发育。

绘画不光能够发展孩子的智力因素，还能促进非智力因素的发展。要想表达出对眼里的世界的认识，是需要一些毅力、耐力的，如果能系统地学习，那么还能锻炼坚持力。

进入绘画敏感期的孩子，把绘画当成了生命中最为重要的事情，受“心理胚胎”的指引，他不停地画，觉得很幸福。

教养关键 16

让孩子尽情地去画

孩子画出的内容，其实是他们眼里的世界。当孩子进入绘画的敏感期后，父母在培养孩子上要注意哪些问题呢？

1. 支持孩子随意画

家长最容易犯的错误是，当孩子画了一幅画后，给了不恰当的评价。“这是什么啊？”“看不出像什么。”父母有意无意的几句闲话，可能会给孩子带来很大的压力。下次画画的时候，他就不能随心所欲了，而是想着“像什么”“像不像”的问题，这样就削弱了绘画的作用。

小孩子还不具备情绪掌控能力，但是他们也和大人一样有压力、有消极的情绪，甚至比大人更多。而绘画具有很强的宣泄作用，可以使孩子的消极心理负担得到卸除，获得心理平衡，保障心理健康。个别孩子表现出了性格上的不良倾向，比如执拗、任性、无理取闹、自理能力极差，这种心理上的偏差是长期不良教育形成的。不良教育起初造成孩子心理上的消极、不平衡，不平衡的反复出现就会慢慢地固定下来，变成不健康的心理，而画画可以克服不良教育的影响。让孩子自由画画，也是使孩子的心理获得自我保护的重要手段。孩子自由地绘画是心理的自诉，他平时无法表露的内心矛盾可以从中得到发泄，使心理负担减轻，有利于保持心理健康。

孩子画画时，父母为孩子准备好画画的材料，并给他一个宽敞的空间，不要去纠正孩子的乱画行为，只要孩子开心就好了。

2. 鼓励孩子多画

经常会有这样一种情况，孩子一开笔画一个图形，以后每次画都是这个图形。当然，这不排除孩子特别喜欢这个图形。不过即便是这样，父母也要鼓励孩子画画不同的事物，让笔下的作品更多一些。

当然了，为了让孩子不觉得失去了安全感，父母可以鼓励孩子在熟悉图像的基础上，画得更细致、更全面。比如，一个孩子喜欢画小女孩扎小辫子的图，画多了父母可以鼓励孩子画画男孩头或留披肩发的头。慢慢地，再让孩子画一个完整的人体。这样孩子就会一步步、充满信心地拓展自己的表现能力了。

第 4 章

管一辈子的教育

——让孩子拥有健全人格

父母养育孩子，都希望孩子一辈子幸福。父母能够给予孩子的，能保证孩子一生平安、幸福的就是培养孩子拥有健全的人格。人格具有道德的力量、智慧的力量、意志的力量，孩子能够以此调节自己的行为按照正确的、积极的、遵循社会认可的方式发展。孩子一出生，就开始了人格构建，所以父母需要从孩子小的时候起就注重培养孩子的健全人格。

从出生第一天就开始培养人格

读书、看报、浏览网页的时候，我们经常能看到触动神经的事情发生：河南信阳的一位小伙子，因为父母溺爱，导致了心理不健全，父母去世后，饿死、冻死在了家里；澳大利亚华裔女性田梅对儿子李伟的要求非常高，却被儿子杀害在家中；清华大学学生刘海洋用火碱和硫酸泼伤北京动物园黑熊；西安音乐学院大三高才生药家鑫，驾车撞人后不仅不及时救助，还将伤者刺了数刀致其死亡……

这些孩子之所以做出这样的事情，是因为他们的人格不够健全或者说人格存在着某项缺失。这样的人，即使拥有了在社会上生存的技能，即使某项技能比较出类拔萃，也不能保证能够安全地、一帆风顺地度过一个完满的人生。因为人格不健全，随时都可能有极端事件发生，给自己和他人带来灾难。

有人曾对800个超常儿童进行研究。根据这些孩子成功的不同程度，将他们分成了很多个组，并对其中一组的孩子进行追踪调查。研究发现，最后获得成功的孩子，他们都有很多特质，但这些特质并不是智力方面的区别，更多的是人格方面的品质。

所以说，父母在养育孩子的过程中，第一重要的事情就是培养孩子的人格。要想培养出具有良好人格的孩子，则先要搞清楚影响人格发展的内外因素。

影响人格形成的内外因素

人格是一个人的思想、情感及行为的特有模式。影响人格形成的主要是遗传与环境：包括生物遗传因素、社会文化因素、家庭环境因素、早期童年经验、学校教育、自然环境、自我调控等。

生物遗传因素最初表现为气质特征，是先天形成的，受神经系统活动过程的制约。气质反映了人格的自然属性，无好坏之分，与道德无关，但是却决定着一个人的脾气、秉性和发展方向。气质可以分为四种：黏液质、多血质、抑郁质、胆汁质。不同的气质类型，有不同的气质特征。了解孩子的气质类型，有助于家长利用孩子的气质优势培养稳定的人格，修正可能形成的人格劣势。

可以说，人格是先天和后天的合金，是遗传与环境交互作用的结果。在人格的形成过程中，遗传决定了人格发展的可能性，环境决定了人格发展的现实性，教育起到了关键性作用，自我调控系统是人格发展的内部决定性因素。影响人格发展的因素中，社会文化因素、家庭环境因素、早期童年经验等都是从童年开始就影响着孩子。

人格调控系统是以自我意识为核心的。自我意识是人对自身以及对自己同客观世界的关系的意识，具有自我认识、自我体验、自我控制三个子系统。这是一个有秩序的系统，是靠着有秩序的生命活动来实现的。孩子出生后认识味道、世界，唤醒自己的身体，建构自我。孩子到了 2 岁的时候，自我意识开始建立，喜欢说“不”“我的”，越来越关注自己，试图表达自己。比如，什么事都要自己来，喜欢自己挑衣服等。自我建立得好的孩子，自信、自尊，拥有完整的认知系统。

自我认识包括自我观察和自我评价。自我观察是指对自己的感知、思想和意向等方面的察觉；自我评价是指对自己的想法、期望、行为及人格特征的判断与评估，这是自我调节的重要条件。

自我体验是伴随自我认识而产生的内心体验，是自我意识在情感上的表现。自尊心、自信心是自我体验的具体内容。当一个人对自己产生积极的评价时，就会产生自尊感，反之消极的评价就会产生自卑感。自我体验使自我认识转化为信念，指导一个人的言行。自我体验还能伴随自我评价，激励适当的行为，抑制不适当的行为。当体验到适当的行为时，人就会产生骄傲、自豪的情绪，这种行为就会再次发生。

自我控制是自我意识在行为上的表现，是实现自我意识调节的最后环节，包括自我检查、自我监督。自我控制的调节作用表现为：启动或制止行为，心理活动的转移，心理过程的加速或减速，积极性的加强或减弱，动机的协调，根据所拟订的计划监督检查行动，动作的协调一致等。

教养关键 01

人格需要从出生开始培养

从影响人格发展的因素来看，无论是外在的环境因素、早期童年经验因素，还是内在自我调控系统的自我认识、自我体验、自我控制，都足以说明孩子的人格培养是从小开始的。所以说，3 岁决定孩子的一生，一点儿都不为过。

外因通过内因起作用，外因又为内因的发展提供条件。孩子的生活空间越广阔，自我调控系统的调控能力越强大、越统一、越和谐。

孩子出生后的第一年没有自我意识，他们还不知道自己身体的各个部分是属于自己的，他们没有把自己作为主体从周围世界中区分出来。这时，他们吸吮自己的手和脚，就像吸吮自己以外的东西一样。

快 1 岁的时候，孩子表现出了对自己作为活动主体的认识，他们在啃手指、扔皮球、躲藏等活动中认识了自己跟事物的关系，认识了自己的力量，自我意识开始萌芽。1 岁以后，他们逐渐认识自己的身体，并开始知道自己的名字，但是没有“你”“我”的概念。2~3 岁的时候，孩子开始掌握“你”“我”，是自我意识发展的一个重要转折。

孩子的自我意识是一步步发展起来的，如果在 3 岁前，孩子没有获得足够的发展自己、认识自己的机会，那么自我意识的发展就不会很顺利，孩子的自我调控系统就不能很好地认识自己、评价自己，更不能自我监察、自我监督，适应社会的能力就会比较差。

3~6 岁是发展孩子主动性的敏感期。如果孩子在这个阶段能够较多地参加各种活动，体验到成功的感觉，成为一个勇敢、积极、主动的人的可能性就比较大。反之，如果父母每天把孩子放在家里，看电视、玩儿一些室内游戏，那么孩子的身体素质、心理承受力、自信心等就会比较差。

德育，人社会化的需要

我曾亲眼目睹了这样一件事。妈妈带孩子在小区的空地上玩耍，孩子不足1岁的样子，看到什么都新鲜。正值6月，小区里到处盛开着居民种的牡丹、芍药，还有一些叫不出名字的花，非常漂亮。这个孩子指着一朵花咿咿呀呀地想要，妈妈走过去，毫不犹豫地把花摘下来递给了孩子。可不到1分钟，孩子就把花揉碎了。

当时看到那个情景，我很感慨，觉得当下的一些家长，在教育孩子上真的是缺少经验，而这份经验的缺少实际上来源于社会责任感的缺失。我们已经习惯了抱怨，常感叹社会不好、制度不好，却想不到其实我们身为社会的一分子，从来没有为这个社会的精神环境建设用过心。上面那位妈妈就存在着忽视了对孩子进行德育培养的问题。

儿童的品德是在与人不断地交往中形成的。成人在与儿童的交往中，不断地用自己的言行传给儿童各种道德知识和信息，帮助儿童了解初步的社会道德规范和行为准则，并不断地以表情、言语或动作对儿童的行为给予各种不同的强化。另外，儿童在与人的交往过程中，在与成人和同伴的各种关系中，渐渐意识到主体与客体，意识到自己的行为，并逐步能够以成人的要求判断、评价、调节自己的行为。儿童品德由此逐渐出现和形成。

所以说，儿童的社会化及自我意识的发生是儿童品德发生、发展的基础。在此基础上，儿童理解、接受成人教给的道德规范和行为准则，并以此来调节、控制自己的行为、愿望。父母要想孩子具有良好的品德，就要从孩子小的时候培养。

抓好孩子的社会性发展

孩子在出生后第一个月月末、第二个月月初时，会表现出与人交往的倾向，即在与人交往时会有明显的喜悦。心理学家把这个时期孩子表现出的微笑称为“社会性的微笑”。大约在 4 个月，孩子开始认人，对妈妈及亲密的养育者会更多地表现出喜爱，而对于陌生人，则表情淡然，甚至是冷漠。三四个月的孩子也很喜欢和同伴交往。六七个月，孩子形成和妈妈的依恋关系；九十个月，孩子对父亲就有了明显的依恋。

我们常常说这样一句话：见得人多了就不怕生了。这话一点儿没错！为了促进孩子的社会性发展，父母不但要多带孩子见世面，还要较多地和孩子互动。比如，和孩子一起玩玩具、教孩子使用生活用具、对着孩子说话、教孩子怎么和人礼貌地打招呼、对孩子做的事情进行评价，等等。从这些平凡的生活片段中，孩子逐渐学会了人类的行为方式和道德规范，获得了社会适应性。

举个简单例子，一个 2 岁的孩子，当家里来客人要离开的时候，他会主动地跟对方说：“爷爷，再见！”“叔叔，开车慢点儿！”妈妈听后，觉得自己并没有这么教孩子啊。其实，孩子在听了家人这样说话后，已经习得了这种在分别时表达礼貌和祝福的话语。

教养关键 02

关注孩子的道德发展过程

孩子的道德品质不是生来就有的，也不是通过短期的培训就能获得的，而是在成长过程中不断地受到正向的引导，把道德行为内化为自我内在系统的一部分所形成的。

1. 保护孩子的“自我中心”

意识是一种心理内容或者体验。自我意识就是主体对自我的认识，即认识到自己是一个觉知者、行动者、思考者、情绪感受者等。孩子出生后，随着身体参与了一些活动，如举手、吃手、抬腿等，有了一些关于身体的“自我意识感”。大约到了 1 岁，孩子在不厌其烦地走路、频繁地扔东西等过程中，逐渐认识到自己和外界的关系、自己跟身边事物的关系。到 2 岁左右的时候，孩子认识到了自己有名字、是独立的个体，开始习惯说“我的”“我妈妈的，你别动”。

父母要理解孩子的自我中心，因为只有这样，孩子才能充分地建构起一个完整的自我。我见到过一个孩子，他吃荔枝的时候很小心，看好久才从荔枝上摘下一颗来。爸爸过来很粗鲁地摘了一个，剥皮扔进了嘴里。孩子见了当即哇哇大哭，说爸爸是“坏爸爸”。妈妈见到这个情景，当即抱起孩子说：“走，妈妈再给你买一串回来！”这位妈妈的做法就很好，她懂得孩子不是吝啬，而是觉得那些荔枝是自己，是一个完美的形象，因为孩子觉得完整的事物是最美的。这是孩子审美敏感期的开始，父母尊重孩子的审美关系到孩子道德品质的建立，因为道德品质是来自人类最早期构建的审美。孩子要保护他心目中的完整状态，如果他能够不断地实现类似的愿望，终有一天，孩子会拥有一个非常强大的自我，一个强大的道德基础。

2. 关注孩子的道德发展过程

随着孩子自我意识的不断发展，孩子的品德也在逐步发展。1 岁半左右，孩子逐渐出现最初的道德观念、道德判断和道德行为。我们可以看到，1 岁多的孩子，如果去别人家玩，有人给吃的东西，他会先看看妈妈。如果妈妈示意他可以接受，他才接受。

到了两三岁的时候，很多孩子在妈妈的耐心教导下，可以做到不说脏话、不推人、不拿别人的玩具。他们也能领会甚至说出父母对他人行为的评价、判断。孩子入园以后，到学龄前的这段时间，如果家长能够给予孩子良好的教育，那么孩子可以拥有很多的良好品德。比如，能够主动帮助小朋友，愿意与小伙伴分享，能够礼貌地和身边的人打招呼，在幼儿园里帮助老师整理小椅子、书本……

虽然孩子养成了文明礼貌的行为，但是道德行为的动机还很具体，有明显的情境性，还处在逐渐内化的水平，需要父母帮助他形成稳固的道德行为习惯。

3~6岁，潮湿的水泥期

幼儿园开放日，邀请家长来参观。昀昀所在的班上的是讨论课，要孩子讲讲“妈妈的样子”。很多小朋友都抢着回答，有的说妈妈眼睛大，有的说妈妈是卷发，有的说妈妈个子很高，有的说妈妈的裙子很漂亮，还有的说妈妈喜欢穿高跟鞋，走起路来咯噔咯噔的……孩子们天真的话语逗得家长们哈哈大笑，觉得孩子对自己的观察得还挺细的。

可是，昀昀妈却高兴不起来，因为女儿什么都没说，只是低着头，一副很紧张的样子。课后，妈妈去和老师沟通。老师说，昀昀这个孩子各方面做得都很好，也很聪明，就是不爱说话。老师问妈妈，孩子在家里也是这样吗？妈妈点点头，平时父母工作忙，孩子很多时候都是自己玩。

老师告诉妈妈，昀昀已经显现出了性格上的缺点，没有自己的想法或者不敢表达自己的想法。孩子正处于性格塑形的敏感期，父母要想办法创造和孩子说话的机会，提升孩子的表达能力，让孩子拥有交流的自信，否则，孩子长大后可能就真的成了不敢说话的人。

了解孩子的性格类型

性格决定命运，我们要想养育一个好命运的孩子，一定要关注孩子的性格形成。3~6岁通常被称为“潮湿的水泥期”，这是孩子性格塑形最重要的阶段，孩子85%~90%的性格、理想和生活方式都是在这个阶段形成的。性格主要体现在对自己、对别人、对事物的态度和所采取的言行上，包含有许多社会道德的含义，是人格构成中最核心的部分。性格受气质的影响，但是后天环境的作用更重要。

1. 了解孩子的气质类型

日常生活中，家长要多观察孩子，看孩子的气质属于哪个类型。气质类型有哪些呢？各自的特征又是什么呢？

（1）多血质气质特征

外向乐观、热情洋溢、亲切可人、善于言辞、幽默、好表现、好奇开朗、有个性、有创造力、追求幸福与快乐、思维正向、无计划、无条理、无记忆、信口开河、只说不听、对数字缺乏概念、爱打断别人的谈话、对别人无所谓对自己也无所谓。

（2）抑郁质气质特征

内向、悲观、爱思考、严肃、整洁、生活有规律、节俭、认真、敏感、原则性强、记忆力好、具有奉献牺牲精神、思维负向、对别人要求严格对自己也严格。

（3）胆汁质气质特征

天生的领导者、喜欢挑战、充满自信、富有正义感、爱憎分明、严肃、行动力强、精力充沛、工作狂、喜欢争辩、独断专横、坚持己见、喜欢操纵一切、很少考虑别人的感受、对别人要求严格对自己无所谓。

（4）黏液质气质特征

文静友善、宽容、不急躁、自治自律、平静满足、有耐心、好脾气、气质稳定、易和任何人相处、马虎随便、固执低调、漫不经心、无主见、缺乏热情、对别人无要求对自己不苛求。

有人说，如果四种气质类型的人在一起，多血质是讲故事的人，黏液质是听故事的人，抑郁质是分析故事的人，胆汁质是产生故事的人。

其实，大部分的孩子都是几种气质类型的综合体。但找到孩子最主要的气质类型，了解这种气质类型的性格特点，据此包容孩子的不足，完善孩子的性格弱点，发扬性格优势，孩子的人格就会比较健全。

2. 奠定积极向上的性格基础

按照马斯洛需求理论，3~6 岁正是培养孩子主动感的关键时期。父母要顺应孩子的成长需要，满足孩子想要像成人那样做事的欲望。这样就能发展出孩子的自信心、主动性，奠定责任感、使命感发展的基础。

我们有时会见到这样的孩子，在家里对着家人颐指气使、活泼好动，到了外边就蔫了，对周围环境没有兴趣，紧紧攥着自己的玩具呆看着别的小朋友生龙活虎地玩耍，却不能融入其中，稍有一点儿不如意，撇嘴就哭。这样的孩子往往是在家里被父母过分保护，失去了发展自己能力的机会，以至于主动性差、缺乏自信，不能真实地展现、表达自我。这样的孩子因为没有应对挫折的经验，意志水平也比较低。

孩子的人格、性格就是在他不断地选择积极的人格因素或者消极的人格因素的过程中形成的，当一个孩子不断地选择消极的因素时，就养成了消极的行为习惯，他的人格、性格特征就是消极的，心态也是消极的。与消极心态相关联的是懦弱、依赖、拖拉、从众、优柔寡断、胆小、缺乏自信、行动力差等。

3~6 岁的孩子还是以自我为中心的，家长不能指望孩子具有分享、理解他人的品质。但是当孩子在社交上有困难的时候，比如，经常和小朋友发生冲突、动手打小朋友、不能加入到游戏中去、自己的玩具不让别的小朋友碰等，说明孩子的社会化进程完成得不好。如果父母不能及时给予帮助和支持，孩子很容易形成孤僻、自私、不善沟通、狭隘等性格特征。

有些已经长到二十几岁甚至步入中年的人，在生活中仍然是一种“给别人过日子”的散漫状态，与人交往的时候一点儿小事就发脾气，遇到一点儿困难就眉头紧蹙束手无策，这些表现一定与幼儿时期性格的塑形有关。所以，父母一定要在孩子的“潮湿的水泥期”完成自信心、积极主动性的培养。

教养关键 03

为孩子的性格塑形

孩子到了 3~6 岁，父母就要负起责任，为孩子的性格塑形。

1. 及时纠正错误行为

很多父母对于孩子的不良行为不在意，觉得孩子还小，于是有些孩子的问题行为就在家长的忽略中被强化了。

玲玲是个 3 岁半的女孩，非常聪明伶俐，谁见了都要逗一逗。小区里有个叫小甜的女人，脑子不太灵光，经常被小区里的人善意打趣。玲玲大概看出了端倪，见了这个女人就大声喊：“小甜！小甜！”小区里的人听了玲玲的呼喊都哈哈大笑。从那以后，玲玲见了这个女人就喊“小甜”。后来，妈妈觉得孩子这样很没礼貌，经过了多次严肃地纠正才改掉了这个坏习惯。

其实，如果玲玲第一次喊“小甜”，周围人不大笑“鼓励”孩子，或者妈妈及时制止了她，就不会出现以后的问题行为了。

2. 设置情境教孩子

3~6 岁孩子的理解能力不是很强，父母单纯地教孩子怎么做，不一定能够让孩子明白。但如果设置一个情境，孩子就比较容易理解了。

平平家里要来客人，妈妈买了很多新鲜的水果，平平眼睛一动不动地盯着那些水果。妈妈看到女儿有点儿馋，就拉着女儿的手坐到沙发上说："我女儿是个懂礼貌的孩子，一会儿张阿姨来了，给张阿姨递水果吃。如果张阿姨带礼物，双手接过来的时候，要说谢谢。来，咱们先表演一遍，把妈妈当成张阿姨！"平平觉得很有趣。妈妈坐到沙发上，平平拿过一个橘子，对妈妈说："请您吃橘子！"妈妈接过来说："谢谢！"

因为孩子事先练习过，掌握了做这件事的方法和技巧，所以就有做好这件事的信心。对于很多第一次做的事情，或者孩子性格偏内向，父母最好事先演练演练。

3. 父母亲自影响孩子

父母不仅仅要为孩子提供物质上的食粮，还要对孩子品行、性格的规范和塑造负责，让孩子成为身心都健康的有素质的人。孩子出生后，是通过模仿来习得各种能力的，他们看到什么就学到什么。所以，父母有良好的行为习惯，做事做人讲究方法和原则，就会不知不觉地把精神内核传递给孩子，孩子也会成为有着良好精神品质的人。

让孩子拥有健康人格

经常有妈妈这样问我，家庭教育的目标是什么？每次我都很认真地回答，培养一个拥有适应社会的人格并掌握社会认可的行为方式的人。培养孩子拥有健全的人格是基础，这一点做好了，成才、发展都不是问题。每一次解答完妈妈的问题后，我都会由衷地祝福她们的孩子。因为这些孩子在成长的过程中，可能会较多地被妈妈关注到人格的发展，为成才打好最为重要的一个基础。

养育孩子，我们首先要搞明白一个问题，那就是我们要把孩子培养成什么样的人。只有教育目标明确了，教育行为才不会盲目，我们的内心才不至于茫然，才不会留下教育遗憾。

孩子出生以后，每一天都在成长，不仅表现为身体、认知、智能的发展，还有一个更重要的目标，那就是实现社会化。个体形成适应社会的人格，并掌握社会认可的行为方式的过程叫作社会化，也称作社会性发展。孩子的社会化，很重要的一方面，就是人格的发展。

人格是构成一个人的思想、情感及行为的特有模式，这个独特模式包含了一个人区别于他人的稳定而统一的心理品质。孩子的人格越是健康，孩子拥有的良好的心理品质就越多。

健康人格的标准

健康人格是指各种良好人格特征在个体身上的集中体现，比如，乐观、开朗、有毅力、爱学习、善交际、宽容、大度、包容、讲卫生、乐于助人、有爱心、勤奋、温柔、坚强，等等。

一个人拥有的良好的人格特征越多，这个人在社会上越能生活得如鱼得水。因为良好的人格特征对一个人的生活方式、行为方式起到的是积极的作用，帮助人顺利地走向成功。以下几点是衡量一个人是否拥有健康人格的标准。

1. 积极面对现实， 不逃避

拥有健康人格的人能够面对现实，不管现实对他来说是否愉快，都能积极面对、努力去做。

2. 独立性

人格健康的人办事凭理智，很稳重，能够经过思考做出决定，并勇于承担由此带来的后果，会适当听取合理建议，能与别人合作，富有竞争品质。而一个不成熟的人，遇事很难下决心，总希望别人来指点他应该如何行动，出了差错就推卸责任或怨天尤人，有了成绩则过分夸耀或要求表扬。

3. 有爱别人的能力

人格健康的人，愿意为别人付出，能从爱自己的配偶、孩子、亲朋，甚至从帮助陌生人中得到乐趣。相反，一个不成熟的人爱起别人来很吝啬，总是希望别人以他为中心。

4. 适当地依靠他人

人格健康的人不但可以爱他人，也乐于接受别人的帮助和爱。在遇到困难的时候，他们拥有被人帮助的社会支持系统，也能够及时地向人求助。

5. 良好的自我控制系统

拥有健康人格的人知道哪些事情该做，哪些事情不该做，哪些事情做错了，怎样去完善自己。即便在生气时，他们也能把握分寸，不会失去理智。他们可能有时会发脾气，但绝不会因为一些鸡毛蒜皮的小事而大发雷霆。

6. 有长远打算

人格健康的人会为了长远利益而放弃眼前利益。他们因为有大志而目光长远，因为对自己充满信心而期待着一个更加美好的未来，所以眼前的小利益是束缚不住他们的。他们有很强的自信心，有不屈不挠的精神，有不达目的誓不罢休的坚持特性。

7. 善于休息

人格健康的人懂得合理安排时间，在休息时心境坦然、尽情放松，在工作时精力充沛。相反，情绪不太稳定的人常感到被迫做某事，很少从休息中获得快乐。

8. 能够适应变化

人格健康的人具有较强的意志品质，不管处于什么样的环境、不管遭遇什么样的挫折、不管取得什么样的进步，都能够泰然处之、不骄不馁、把握好自己的方向。

9. 能够接纳

人格健康的人会以接纳的态度对待身边的每一个人，对家人、孩子能够钟爱和宽容，对他人也能宽容谅解，尤其能容忍他人的缺点，和持有不同意见的人可以友好相处。

10. 善于学习

人格健康的人有强烈的求职欲望，善于学习，能够以发展的观点看待这个世界。为了不落后于这个时代，他们不断地学习，从书本上、培训班里、身边人的身上学习，不断地充实自己。

人与人行为不同，是因为具有不同的人格特征。那些具有良好人格特征的人因为能够做出积极的行为，所以拥有的幸福感觉和满足状态更多、更持久。

教养关键 04

培养健康人格的方法

很多良好的人格特点得益于孩子本身就有的气质类型，如果家庭环境也比较合适，孩子培养起来就比较容易。但是，有的性格特点是需要一定的磨炼，才能内化成人格因素的。而有些父母因为心软，不愿意看到孩子被要求而不自由的状态，于是就放松了对孩子的教育，期待孩子长大后变得懂事。0~6 岁是孩子人格塑造的敏感期，有效地利用这段时间培养孩子健康的人格，无论是对父母来说还是对孩子来讲，都是一件有利的事情。

1. 有时需要狠心点儿

亮亮是一个 3 岁的男孩，家里比较娇惯他，吃饭、穿衣这些事情都由别人替他做。妈妈觉得这样下去，这个孩子恐怕要成为衣来伸手的懒蛋了。于是，妈妈每天早晨都提前十几分钟喊他起来，教他穿衣服。可手把手地教了几次后，他还是不自己穿，伸着胳膊等着妈妈穿。

有一天晚上，睡觉前，妈妈跟亮亮说："亮亮，你已经长大了，以后每天早晨要自己穿衣服！妈妈不管了，说到做到！"第二天，亮亮又想像之前那样哼哼唧唧地耍赖，妈妈闷头做自己的事情不搭理他，结果他自己穿上了。穿完后，妈妈夸奖了亮亮："不错，是个小男子汉！"

以后，妈妈又硬起心肠，教亮亮养成了自己洗小物品、摆餐具、拿饮料、收拾玩具等的习惯。妈妈渐渐地发现，亮亮变得越来越勤快，做事情也越来越有积极性。

像亮亮妈妈这样狠下心，让孩子自己的事情自己做，才能把孩子培养出健康的人格来。

2. 多次坚持

任何一项品质的拥有，都需要多次坚持。孩子养成了习惯，习惯也就内化成了某项品质。但是，孩子往往记忆力比较差，常会记不住以前是怎么做的，这就需要家长监督孩子，提示孩子怎么做，做的次数多了就内化成人格因素了。

3. 肯定孩子

孩子独自做完某一件事，说明孩子拥有了这项能力，此时，家长要多肯定和鼓励孩子。因为能力必须经过肯定才能形成自信。父母肯定的话语、赞许的表情，能够让孩子觉得自己是有力量的。这样孩子做事的主动性、积极性就会更加高涨，在以后做事时能力会获得更高的提升，会形成更多的优秀品质。

提升孩子爱的能力

一个朋友给我讲过这么一件事。早晨，朋友开车送女儿去幼儿园，车停在了较远的地方，所以还有一段路需要步行。快到校门口的时候，她们遇到一个大班的男孩，女儿很懂事地冲着对方喊："哥哥好！"对方却从妈妈的自行车后座上蹦下来，冲着女儿学狗叫。女儿吓得缩到了妈妈身后，朋友赶紧安慰女儿。

谁想到那个男孩又从另一个方向转过来，还戴了个狗面具，继续学狗叫！朋友的女儿被吓得哇哇大哭。男孩的妈妈一点儿都不着急，慢声慢语地招呼孩子："宝贝，别闹了！"朋友当时气得差点儿晕过去，自己的孩子这么没教养，当妈妈的竟然沉得住气，还脸不红心不跳地称自己孩子为宝贝！

当下个别父母对孩子"爱的培养"较少，导致很多孩子不具备爱的能力，做出了"不爱"的事情。在如此重视对孩子教育的今天，之所以会有父母忽略了对孩子爱的培养，很重要的原因就是因为他们不了解爱有多重要。

爱心，人格的重要因素

马斯洛需要层次理论认为，人有“归属和爱的需要”，每个人都渴望与其他人建立感情的联系或关系，以满足自己的内心需要。如果一个人得不到爱，那么他一定是不快乐的。如果一个人不懂得付出爱，他也是不快乐的。在我们成人世界，一个拥有良好的社会支持系统的人，因为有爱的陪伴，他的精神世界很丰富，就会较少出现心理问题。

我们养育孩子，都希望孩子的人生是一种自信、满足的幸福状态。要实现这一点，最为首要的条件就是要孩子懂爱、会爱，有一个健康的人格。如果孩子爱的需求得不到满足，自我就会扭曲，人格的正常发展就会受到阻碍。一个人格不正常的孩子，可能会成为不孝子、盗窃犯、杀人犯、贪污犯、纵火犯等，总之，做出社会不认可的行为方式的可能性非常大。

刚出生的小孩子，他们只知道从他人那里不断地索取爱，这是人的本质特征，也是成长阶段父母一定要满足孩子的。在人格发展的一定阶段，这种本质便会让位于另一种本质，即将自己拥有的东西奉献出去，让自己的生命在自己的身外发育成长。这不仅体现在结婚生子，还体现在帮助身边人，为整个社会、人类做出贡献。

我们要想养育一个懂爱、有爱的孩子，首先要满足孩子爱的需要。对于1岁前的孩子，我们要无条件地满足孩子的需要。在这之后，只要孩子的需要是合理的，我们都要尽可能地满足。当然，这里的需要不仅仅是物质需要，还包括精神上的需要。精神需要最为主要的一点就是爱的需要。父母通过和孩子拥抱、聊天、亲吻、一起用餐、一起游戏等方式满足孩子情感上的渴望。

当孩子爱的需要获得满足后，就会自然而然地产生强烈的关注外部世界的需要。向外界表达自己的爱，也是孩子对这个世界认知的一种重要方式。但是，爱他人、爱世界的能力不是先天就有的，也不是随着年龄的增长自然产生的，更不是只要父母给孩子充分的爱，孩子就会自发产生的，而是经过后天培养的。孩子通过习得爱的行为、爱的表达方式，逐步有了爱的能力，成为有爱的人。

举个简单的例子，孩子第一次见到小猫，可能会像对待皮球一样抓起来扔出去。因为他们不知道小猫是有生命的，这样做小猫会疼。这就需要父母告诉孩子："小猫是人类的朋友，还能抓老鼠。你抓它，它会疼！它的父母会伤心！"慢慢地，孩子就会懂得要温柔地对待小猫，以此泛化到对所有的小动物都是温柔的态度。

那么，父母怎么做才能培养起孩子的爱心，让孩子有爱的能力呢？

教养关键 05

培养孩子的爱心

也许有的父母已经被身边或者社会上不断出现的"不懂爱"的孩子弄怕了，担心自己的孩子"不懂爱"该怎么办。其实，父母大可不必这样紧张，每个孩子生来都是好孩子，天使一般美丽，只要我们做家长的用科学的养育方法教育孩子，孩子一定会有爱心。

1. 营造有爱的家庭环境

什么是有爱的家庭环境呢？家庭成员之间有深厚、真挚的感情，平等相处、互相尊重、互相信任、互相关心、互相理解、互相包容、互相照顾，不吵架、不侮辱、不谴责、不猜忌、不误会、不隔阂，家里的大人把孩子当成重要的家庭成员，给予适当的引导和关照，尊重孩子的需要，不蛮横地拒绝、不粗鲁地包办。

有了爱，便有了一切。即使家庭成员之间有不同意见，也能妥善解决；不管遇到多大的困难，也能同舟共济；家庭成员之间有了一些小瑕疵，也会因为彼此的信任而给予对方鼓励与支持。孩子被这样真挚的爱的情感熏陶着，就会受到潜移默化的积极影响，个性、品德、智力等都会得到很好的发展。

在充满爱的环境中成长的孩子，爱的情感是非常强烈的。他不仅爱亲人，而且爱周围的人，爱老师、爱小伙伴，这就为他今后创建社会支持系统打下了坚实的基础。

2. 教孩子“爱” 的行为

日常生活中，父母要教孩子体谅他人、照顾他人。比如，妈妈带孩子出去玩，孩子非要妈妈抱，妈妈可以对孩子说：“妈妈也累了，你要自己走哦!”如果孩子坚持要抱，妈妈也不能抱。孩子实在难缠，妈妈就在出门之前告诉孩子：“一定要自己走，否则就不去了!”把话说在前头，对孩子的约束力会更强一些。

妈妈困了，孩子还想玩，可以对孩子说：“妈妈困了，很难受，咱们睡觉吧!”父母把自己“痛苦”的状态告诉孩子，有利于激发孩子的同情心，让孩子做出有爱心的行为。多次以后，孩子就懂得了在什么时候、什么状态下要体谅他人。

3. 善待小动物

有个孩子在超市里要妈妈买一种非常奇特的金鱼，金鱼的腹部带有“恭”“喜”“发”“财”等字样。这位妈妈当场拒绝了孩子，并说：“孩子，咱家的金鱼身上都没字，这是因为金鱼身上本来是没字的。而这些金鱼身上的字是被刻上去的，刻的时候很疼。只要我们不买，以后就没有人再在金鱼身上刻字了！”孩子很懂事地点点头，没再坚持买金鱼。

在生活中，孩子有不爱护小动物的行为时，父母应指出来，并告诉孩子怎么做才是爱护小动物。另外，父母还可以鼓励孩子饲养、照顾小动物，并和孩子一起观看动物节目、动物图片等来帮助孩子了解它们。总之，孩子见得多了、了解得多了，就会培养出对小动物的爱心了。

自己的选择，自己承担

琪琪的爸爸妈妈和爷爷奶奶一起吃过晚饭后，高兴地围坐在客厅的沙发上聊天，聊到忘情处，就忘了家里的小淘气琪琪。突然，琪琪的哭声和“哗啦”声，打断了大家的聊天，全家人齐奔卫生间。此时的琪琪捂着脑袋，摔倒在浴缸旁边，身上沾满了正冒着泡泡的洗衣液。

爸爸一下就猜到，女儿拿了洗衣液到处乱挤，弄得地上很滑，结果摔倒了，头碰在浴缸上，很疼。没等爸爸开始教训她，奶奶就赶忙过来了：“哎哟，宝贝，怎么摔倒了呀！来，奶奶抱你起来！”爷爷则一脚把洗衣液瓶子踢到一边，恶狠狠地说：“什么破东西，把我孙女摔成这样！踢它！”

趁乱，爸爸仔细查看了琪琪的身体裸露部位，没有发生任何擦伤，摔得也不重。爸爸坐回沙发，听奶奶数落：“宝贝，别哭！看奶奶一会儿不把那破洗衣液给扔到垃圾桶里去！还有那该死的浴缸，奶奶一会儿就给它几斧子！狠狠把它敲哭了！”听了奶奶的话，琪琪从奶奶的怀里挣脱出来，拉着奶奶的手说：“走，奶奶，你现在就把浴缸给砸了！”

于是，奶奶牵着琪琪的手，来到卫生间，伸出手啪啪几巴掌，就冲着浴缸拍了过去！琪琪见浴缸根本没有碎的倾向，哇哇大哭起来！嘴里喊着砸浴缸！这下奶奶没办法了，总不能真的把家里的浴缸给砸了吧？

爸爸皱着眉，把女儿抱过来说："你摔跤是因为自己乱挤洗衣液，跟浴缸没有关系！你不洗衣服，把家里的洗衣液到处乱挤，爸爸还要惩罚你呢！"听到爸爸这么说，琪琪又大哭起来！这回是吓的。爷爷奶奶欲上前制止，爸爸一把抱起琪琪来到卧室，关上房门开始教育她。

爸爸问女儿："摔疼了吧！"琪琪抽搭着点点头。爸爸拿过纸巾，给琪琪擦干净。看琪琪的情绪已经恢复，问："为什么摔倒啊？"琪琪眨着眼睛说："地太滑！"爸爸说："怎么弄的？"琪琪不说话了。爸爸知道琪琪已经认识到错误了，于是便说："以后不要把洗头液、洗衣液、沐浴液什么的到处挤，免得家里人踩上去摔倒！跟头是你自己不小心摔倒的，就要自己爬起来！想想浴缸本来就在那里，你绕开走就不会被磕到！以后自己多要注意啊！"

琪琪点点头，眼睛一眨一眨地听完爸爸的话。接着，爸爸摸了摸女儿的头，拉着女儿的小手，带她去卫生间擦地了。

孩子摔倒虽然是一件小事，但不同的处理方式对孩子的成长却起到不同的作用。如果父母拍地、打浴缸，那么就是把责任推到了外界，而告诉孩子摔倒是因为自己不小心，就能教会孩子如何承担责任。

责任感，人格发展的核心

孩子生命的发展是一个从不会到会的过程。因此，不要怕孩子不会，因为他一定可以从不会发展到会；也不要怕孩子做错，因为孩子可以从错误中获得宝贵的经验。但是有一点要注意，当孩子不会或者错的时候，父母要及时给予指导。

生活中，有个别父母为了让孩子心里舒服，就做出不当的事情。比如：孩子吃饭的时候，弄得衣服上、餐桌上到处都是饭菜，父母就抢过来喂；当孩子摔倒的时候，很多长辈为了哄孩子不哭，就骂凳子、桌子、椅子；吃饭时，孩子把桌上的碗碰翻了，父母互相责怪没看住孩子或者没把碗放到孩子够不着的地方……

以上情景看似缓解了孩子一时的窘迫，实际上却为孩子的成长埋下了隐患。每个孩子都是要长大的，所谓的长大就是形成适应社会的人格并掌握社会认可的行为方式，要实现这一点，独立、负责是核心内容。

1 岁的孩子开始有了做事的欲望：吃饭的时候，他们抢着自己吃；要自己穿衣服、穿鞋子；想要什么东西，要自己去拿，如果东西是在高处，就让妈妈抱着去拿，如果妈妈图方便拿下来放到孩子手里，孩子就会哭闹。妈妈一定要理解孩子，因为 1~3 岁的孩子，正处于心理独立性发展的时期，他们要求实现生活上的自主。这个阶段孩子实现了自主，长大以后就会主动去掌握自己的命运。

3 岁以后，孩子的活动范围不再仅是为了满足自己的需要，他看到妈妈做家务也要求做，会主动和面为爸爸包饺子，窗帘掉了会学着爸爸的样子站到高处去挂上……父母要对孩子做事的欲望给予支持，教给他们正确的做事方法，让孩子感受到完成任务的喜悦。这样就会使孩子富有责任感，做事情积极主动，敢于挑战目标。

所以说，发展孩子的责任感，要尊重孩子的社会化发展过程，要让孩子多多去负责，承担能够担当得起的事情。父母不要因觉得孩子小而不让孩子做，这样对孩子太残忍。就拿案例中孩子摔跤这件事情来说，爸爸告诉孩子摔倒是自己的责任，以后他走路的时候就会小心，同时也锻炼了孩子的心理承受力。

那些娇生惯养的孩子之所以长大后变得只懂得吃喝玩乐、吆五喝六、蛮横霸道，就是因为在孩子小的时候父母没有教会他们承担责任，使他们不懂得为自己的人生负责。

教养关键 06

从小培养孩子的责任感

1. 给孩子做事的机会

无论是学习方面的，还是生活方面的，比如写作业、铺床、穿衣服等，孩子很可能开始会做得很差劲。但父母都不要责怪孩子，而要耐心地教会他正确的做法。这样才不会打消孩子做事的积极性和责任感，孩子才乐于承担更多的责任。

2. 让孩子自己选择

让孩子从小明白，选择了就要负责，有助于孩子长大后，在面对多元社会时，能够权衡利弊做出正确的选择。孩子经验少，父母在让孩子选择之前，可以给孩子做个分析，让孩子明白不同的选择会产生不同的后果，然后再让孩子去判断。

孩子选择了之后，就要让他负责到底。当孩子遇到麻烦的时候，父母就要告诉他：“这是你自己选择的，需要你自己来承担解决。”

3. 做好该做的事情

著名教育家茨格拉夫人说：“有时候，做父母的内心也会在爱与公平之间摇摆犹豫，但是不能因为孩子的借口而一味地迁就他的喜好，让他逃避责任。孩子如果没有按规定整理好他的书柜，那么面对他喜爱的电视节目，我们也只能做出很‘遗憾’的决定。”所以，如果孩子接受了某个任务，父母就要监督孩子坚持到底。

能够控制住自己——自制力

冬冬4岁了，在妈妈看来，她已经到了懂事的年纪。可是，冬冬却不能很好地控制自己的情绪，一遇到不开心的事情，张开大嘴就哭。有的时候，她一边哭还一边尖叫。起初，妈妈觉得让孩子发泄出来好，省得憋出病来。渐渐地，妈妈开始觉得问题不是这么简单。

有一天，冬冬摆弄相册，妈妈嘱咐她可以看，但是不能拿出来。冬冬点头答应了。可谁知妈妈去了趟卫生间，回来后就看到冬冬一张一张地把照片都抽了出来！当妈妈举起手要揍她的时候想到，孩子不是不懂得事情该怎么做，而是自制力比较差。

其实，生活中，这样的孩子并不少见，他们不是听不懂大人的叮嘱，也不是不知道该怎么做，可就是控制不住自己的“破坏欲”。孩子为什么会这样呢？

认识孩子的自我控制能力

自制力是一种善于控制自己的情绪、支配自己行动的能力。对于孩子来说，由于中枢神经系统尚未发育完善，神经纤维尚未全部髓鞘化，神经活动容易泛化，不够准确，因此会出现自制能力比较弱的情况。比如说，妈妈不让孩子饭前吃零食，孩子也知道，但当他看到香喷喷的点心和甜甜的巧克力时，禁不住美味的诱惑，趁妈妈不注意就拿来吃了。又比如，孩子去医院前，答应妈妈看病时不哭。但当医生把听诊器放在他的前胸，凉凉的感觉使得他恐惧，便哇地哭了出来。孩子的这些行为都说明，他们并非有意和大人过不去，而是缺乏控制自己的能力。

对孩子的自制力，不应消极地等待他自己形成，要从孩子小的时候起，就开始培养他的自我控制能力。

教养关键 07

培养孩子的自制力

培养孩子的自制力常见的做法有以下 4 种。

1. 给孩子定规矩

给孩子定规矩，内容要明确。举个简单例子，孩子喜欢拿家里的碗玩，妈妈可以给孩子准备几个塑料碗，并告诉他，玩的时候只能玩塑料碗，别的碗容易碎，不能玩，如果不听话偏玩别的碗，就要接受惩罚。这样孩子有规矩可循，就能慢慢地抑制不良行为。

内容越是具体，孩子越容易记忆和理解。所以父母不要总是告诉孩子“要这样做”“不要那样做”，这样会使孩子不理解为什么不可以这样做，从而抗拒不了想做的欲望。

规矩不可以一次性制定太多，那样对孩子压力很大，容易导致孩子畏首畏尾。父母先制定一个，观察一段时间，如果孩子执行得不错，说明孩子的自制力有提高，然后再制定别的规矩。由于孩子的自制力提高了，他执行起来也就容易了。

2. 运用奖惩法

如果孩子做事总是不能坚持，比如，孩子给小熊脱衣服，每次都是坚持不了多久就放手不做了。再做的时候，妈妈就可以事先对孩子说："把这个小熊的衣服全部脱下来，妈妈奖励你一个五角星。如果不能全部脱完，妈妈就惩罚你一个礼拜不许玩小熊。"父母的奖励会是孩子做事的动力，惩罚会是监督孩子的利器。

但是奖励孩子的时候一定要讲究科学，最好是精神上的奖励。比如，当孩子坚持做完一件事情后，家长鼓励孩子："你真的长大了，坚持下去，一定会成功的!"然后亲吻孩子。另外，也可以做物质上的奖励，但奖励不要过于频繁，要事后奖励而不是事前对孩子说："你今天听话就给你买好吃的!"这样会使孩子的自制力带有表演性质，不利于孩子健康人格的形成。

3. 角色扮演法

平时父母也可以和孩子玩一些游戏，在游戏的内容设置上要有坚持的角色。比如，让孩子扮演站岗的哨兵、洗完一篮子菜的小厨师、扫地的清洁工等。当孩子进入角色后，就要让孩子坚持把要做的事情做完，才算扮演得成功。

4. 订立"契约"

"契约"对孩子起的作用很大，父母不妨在孩子做某件事情前订立一份"契约"。为了让这份"契约"更严肃，家长可以给孩子刻一个印章。定好"契约"后，父母双方都要盖章。这样"契约"的约束力就会更强。

有的时候，有了"契约"，孩子也会耍赖。遇到这种情况，父母要坚决按照"契约"内容惩罚孩子，绝不妥协。

学习取舍

一次朋友聚会，我看到了这样一个情景。用餐要结束的时候，服务员端来一个大果盘，里面有西瓜、葡萄、小西红柿、梨、木瓜、苹果、荔枝、橘子等。

几个小孩一边喊着：“我要吃木瓜!”“荔枝给我！给我!”“别动我的小西红柿！我吃西红柿！快点儿！快点儿!”“妈妈，帮我拿一块西瓜!”一边去取自己喜欢吃的水果。

其中的一个孩子却被妈妈按住了手：“宝贝，吃葡萄，葡萄最有营养！来！来!”谁知这个孩子对葡萄并不感冒，他挣脱妈妈的手，直接去拿那个大块的西瓜！妈妈很不开心，大家都说：“孩子想吃什么就让他吃什么呗！都是水果，能有多大区别啊!”

通过这个画面，我们看到了孩子的选择。他们想吃什么、喜欢什么就选择了什么样的水果，不会去想营养之类深层次的原因，但是却各自有各自的理由，各自有各自的标准，各自都是遵从自己的意志选择的。

选择水果，选好了对身体有益，选不好顶多拉一次肚子；选择一个爱人，选好选不好就可能影响一生。这就是不同性质的选择，影响大小也不同。但是，不管哪种选择，结果都在于一个人的选择能力，所以培养孩子的选择能力很重要。因为每个人从小到大始终面临着各种各样的选择，大到选择职业、配偶，小到选择衣、食、住、行的方式。选择能力是人们终生都用得着的能力，也是决定这个人一生能否顺利的关键。

选择能力不可缺

我在一次讲座中，听到这么一个故事。有个孩子，他的妈妈对他的健康很关注，从不让他吃肯德基、麦当劳。他知道妈妈担心这些垃圾食品影响他的身体健康，可是他并不觉得妈妈好。每次听到同学们说，妈妈带他们去吃了汉堡包、薯条、蔬菜粥什么的，心里就羡慕得不得了，觉得自己太土了，连肯德基长什么样都不知道！

后来，儿子不断地缠着妈妈要去吃肯德基，妈妈就满足了儿子一次。就在那天，妈妈从儿子挂了一天的幸福笑容中明白了一个道理：尊重儿子的选择，儿子会变得懂事。

我听后，立即就祝贺了这位妈妈，因为她终于明白尊重儿子的选择对这个孩子的成长将有多么大的影响。不同的价值取向决定了不同的选择。孩子和大人的思维是有区别的，如果父母总是按着自己的想法替孩子做出选择，那么不可避免地就会影响孩子选择能力的发展。

当前有些父母的做法是，对孩子的兴趣、爱好和特长包办选择，不管孩子愿不愿意，硬拉他去参加各种学习班。这实质是大人对孩子生命时间的武断强行分配，是对重大选择的无理干涉，其中包含着孩子时间和精力上的巨大浪费，还有精神和心理上的严重伤害。

其实，选择的过程也是孩子了解自己、展现自己的过程，更是培养孩子对自己负责的好机会。有的父母觉得如果什么都让孩子做主，不严加管教，孩子就会形成“网瘾”、过度“追星”和“偶像崇拜”什么的。其实导致这种情况的出现，是早期教育不当造成的，或者是家长对孩子溺爱、放纵造成的，但归根结底是孩子不具备健全的人格、不具备正确选择自己行为的能力造成的。

教养关键 08

给孩子选择的机会

孩子还小，他们的选择离不开大人的帮助。但父母只能是帮助，比如尽可能全面地提供可供选择的项目种类，对选择依据和方法的耐心指导，在大量选择过程中的及时点拨，等等，绝不可把大人的意志强加给孩子。

1. 给孩子时间

父母不要奢望孩子一下子就能够做出正确的选择。孩子的能力，包括口、手、脚等，都是一点点被唤醒的，选择能力也是一样。对于小孩子，他们选择能力的发展就是在一次次的选择之后，体验不同选择的不同后果，才有了选择的能力。

父母培养孩子，最终就是想看到一个能够完满选择自己人生的孩子，而这份能力是从幼时选择吃什么水果、穿什么衣服开始的。父母要多给孩子机会，让孩子在选择的过程中去发现自己需要的到底是什么。

父母既要鼓励孩子去尝试，又要培养孩子承担后果的勇气。如果孩子选择的水果不是他喜欢的，也要让他吃掉，这样的话，下一次选择的时候他就懂得慎重了。

2. 选择不是考验

“考考孩子够不够聪明”“考考孩子能不能准确选择”等想法，有可能会伤了孩子的选择欲。所以，父母要本着爱孩子，让孩子在选择中体验、感悟的原则来给孩子提供选择的机会。

孩子幸福与否，在于他内心的体验，而不是世人强加上去的标准。父母本着爱和信任的心理让孩子选择，孩子的内心能量就会很充足，他便有勇气去面对自己的选择和选择所带来的后果。

第5章

6岁前，重视孩子良好生活习惯的培养

习惯具有一种强大的力量，好的习惯能够规范一个人的行为，促使其拥有良好的人格特质。孩子从出生开始，就在寻求一个有秩序的环境来建构和发展自己的内在秩序。而习惯是帮助形成秩序的最为有效的方法，好的习惯为秩序注入了更多的理智和美好。

从小建立最实际的审美——卫生

小佩不到2岁。一天，她自己坐在床上玩，玩着玩着，觉得身上痒了，挠了几下后，就去客厅找妈妈，对妈妈说："妈妈，该洗澡了啊！"那副小大人的样子，逗得全家人都笑了！

这是一个按时洗澡的孩子必然拥有的良好卫生习惯，这个习惯已经内化成了一个品质：讲卫生。

卫生习惯体现了生命境界

卫生习惯是与人的生活、生命息息相关的大事件。一个人是不是讲卫生，不光关系到身体健康，还关系到外在形象。因为衣着是否干净得体往往体现的是一个人的精神面貌和生活素养，是自己展现在他人面前的一张实体名片。

有些父母觉得，孩子是不是讲卫生，不在于大人，他长大了生活能自理了，卫生习惯自然也就好了。还有的父母是什么都替孩子做，但是什么都不让孩子学着做。以上这两种情况都是不对的。

孩子是不是讲卫生，要让孩子自己有感觉。也就是说，要让孩子明白不讲卫生不但容易生病还影响形象，既是对自己的不尊重也是对别人的不尊重。妈妈可以在为孩子洗衣服、洗澡的时候，对他说："宝宝，洗完澡身体是不是很舒服？穿上干净衣服是不是感觉很开心？做个讲卫生的人，让自己干净而美丽！"

经常这么对孩子说，孩子就会觉得讲卫生是一件每个人都要做到的事情，而不讲卫生是一种不良的生活习惯。有了这样的想法在脑子里，孩子就会成长为一个向往美丽、干净的勤快人。

因为孩子最初是没有自理能力的，但是拥有吸收性心智的他们却非常聪明，他们能够从周围环境中吸纳对他们有用的知识。如果他们看到的世界是清洁的、有条理的，他们的身体、衣服是定时被妈妈清洗的，那么孩子就会觉得世界就该是这么个干干净净的样子，他们的身体也就适应了这个舒适的状态。

君君是一名4岁的孩子，看上去非常干净。出去玩的时候，妈妈总随身带着水杯、纸巾、塑料袋等，而且妈妈尽量把时间算好，不让她在外边大小便。

妈妈从君君小的时候起就注意培养她的卫生习惯，饭前便后一定拉着君君把小手洗干净，而且大小便的时候一定是要用便盆。小的时候，君君尿了、拉了，妈妈就会皱起鼻子让君君闻闻，君君也会皱起鼻子，非常可爱。妈妈说："定时大小便，用小便盆。"

长大了，妈妈带君君出去遛弯，看到路边有狗便便，妈妈就会对君君说："臭臭！马路上不是便便的地方！君君出来前要在家里大小便，外边卫生间不好找啊！"妈妈总是这样说，君君就养成了出门前大小便的习惯。

"讲卫生"虽然只有简单的三个字，但人是有惰性的，当讲卫生需要付出体力，而且会占用玩耍、休息的时间时，孩子可能就会放弃了。特别是对于没有养成讲卫生习惯的孩子，就更容易偷懒了。所以父母要培养孩子从小讲卫生的习惯，那样才能内化成一种干净整洁的品质。

教养关键01

培养孩子卫生习惯的方法

当孩子发育到一定的阶段，他自己会有让身体干净的欲望。父母的责任则主要在于支持孩子为此而做出的努力，并且给予其必要的帮助。

1. 从孩子的角度考虑

很多时候，父母教孩子讲卫生，只是跟孩子说说怎么做而已。这样远远不够，因为孩子的生活经验太少了，会因此吃一些苦头。

娜娜是一个4岁的女孩，简单的洗漱已经能够自己完成了。有一天，洗脸的时候，她突然大哭起来。妈妈走过去才知道，孩子把香皂沫弄到了眼睛里，刺疼了。妈妈忍不住埋怨自己，没有细细地教孩子怎么洗脸。

所以，父母跟孩子讲如何做才能讲卫生的时候，要跟孩子讲得仔细一些，考虑周全一些。

2. 卫生习惯包括什么

要孩子养成讲卫生的习惯，就要让孩子养成每天早晨坚持洗脸的习惯。不管是天热还是天冷，都必须洗脸；早晨和睡前分别刷一次牙，而且晚上刷过牙后一定不能再吃东西。

妈妈对孩子进行卫生检查，为的是引起孩子对卫生的注意。检查的范围有孩子的手、指甲、脖子、耳朵、牙齿、头发等，以及孩子的衣服是否干净整洁、扣子是否结实、鞋带是否系得美观。这样可以促使孩子养成注重个人形象和仪表的好习惯。

孩子要经常洗澡，对于较大一些的孩子，父母要教会他们怎样洗澡，以便洗澡的时候他们能够自己进行清洗。

在公共场合不要随地吐痰，可以吐在纸上，找到了垃圾箱再丢进去；打喷嚏要用手绢或纸巾挡住；勤洗头发、勤剪指甲、勤洗澡；注意用眼卫生，不要躺着看书，或者在灯光昏暗的地方写字。

多渴都不能喝生水，里面可能有致病的微生物，应喝煮沸过的水；饮料少喝、冰棍少吃。吃水果的时候，一定要把水果洗干净。在外边吃饭的时候尽量选择干净一些的大餐馆。

3. 讲究家庭卫生

要定期做居室大扫除，平时注意保洁，无论什么季节都要做好室内通风和室内保湿。冬季天冷，也要保证每天通风半小时以上。

碗筷勤消毒，每天吃完饭都要刷碗。父母不但要自己做到，也要让孩子养成吃完饭刷碗的习惯。房间要每天都收拾，防止灰尘堆积滋生病菌。

排便过后，冲马桶的时候，为防止细菌飞溅，要盖上盖子冲。洗漱用品和洗完的衣服不要放在卫生间里，以防感染霉菌。

吃好喝好不那么简单

豪豪是一个4岁的男孩，上幼儿园后变得特别能吃。每天从幼儿园回来，他都饿得直叫唤，然后就大吃一顿。看到儿子吃得这么开心，妈妈是最高兴不过了。她认为儿子正处于身体发育的关键时期，吃得好就意味着营养丰富，营养丰富就能长身体、长智力。

每天下班回家，妈妈都要去蛋糕店、超市，捡豪豪最喜欢吃的奶油蛋糕、牛肉干、鸡腿、牛奶等买回家。

豪豪每次一吃饱，就不闹了。可到了吃晚饭的时候，他就会表现出明显的没有胃口。妈妈想：没有就没有！反正临睡前还要加一顿餐，饿不着孩子！但是没多久，烦恼就来了，豪豪在喊了一段肚子疼后，被查出患了肾结石。

孩子需要怎么吃

如果一个人的内心处于不平衡的状态，比如饿，他就会有相对应的需要。所以，吃是个大问题。面对不计其数的食品，吃什么、怎么吃，不光关系到孩子的营养，也关系到孩子的身体健康。

孩子出生以后，在相当长的一段时间吃的是妈妈的奶水，再逐渐添加奶粉、辅食等。这期间，当然需要根据孩子的情况，做出合适的选择。每天吃多少奶粉、吃多少辅食，都有讲究。这个阶段问题比较少，但是到了孩子能自己吃饭的时候，问题就多了。

一般情况下，孩子两三岁的时候，就能自己拿勺吃饭。孩子自己吃，有利于培养孩子的自主性。但是吃什么，就是各位父母要考虑的问题了。现在，孩子厌食、挑食等情况时有发生，为了防止孩子从小养成这种不良习惯影响身体健康，父母要尽早做准备。

6 岁前，是孩子大脑发育的敏感期，所以需要丰富的蛋白质、维生素和矿物质以保证大脑神经细胞的正常代谢需要。为了增强大脑的发育，孩子宜进食适宜的动、植物蛋白质，如肉类、禽类、海鲜、豆制品等，还要进食适宜的新鲜蔬菜、水果，以补充维生素和矿物质。

另外，父母要定期给孩子饮水。如果饮水量不足的话，大脑灰质就会萎缩，导致思维能力减弱。研究发现，脱水不仅会影响大脑的体积，而且会对大脑的机能产生影响。研究人员认为连续出汗 90 分钟和人衰老一年所导致的大脑萎缩相当。如果缺水的话，大脑灰质处理信息会变得非常困难。

近来国内外都证实了儿童肾结石患者激增是由一系列饮食因素导致的。最为明显的一个原因就是盐多水少。有的父母看到这里心中会疑惑，孩子也没吃这么多盐啊？快看看孩子的零食袋子吧！高盐分食品不仅包括咸薯片和炸薯条，咸肉、咸鱼、汤罐头、快餐等，都会导致孩子肾结石。所以，父母对待孩子的饮食问题一定要谨慎。

孩子爱零食，是由孩子的生理结构决定的。孩子处于生长发育阶段，需要的热能及各种营养素按体重计算，相对地比成人多，所以要多吃几餐饭。孩子胃肠道的容积小，消化能力相对差，吃一点儿胃里就满了，一次吃不了很多的食物。所以很多妈妈从孩子能够吃辅食开始，就在家里准备了各种零食：面包、蛋糕、巧克力、糖、薯片、果丹皮等。这些食物，一定要少吃，否则就会出现食入盐、糖过多的情况。所以，为孩子选择零食要考虑到营养成分，富含矿物质、维生素的干果、水果都是不错的选择。

虽然孩子可以吃零食，但是父母还是要尽量培养孩子一日三餐都按时吃的习惯，毕竟真正的营养都在妈妈做的饭菜里呢！

教养关键 02

培养孩子的饮食习惯

那么，父母怎么做才能培养起孩子良好的饮食习惯呢？最为常见、最应该引起注意的有以下几点。

1. 总量控制法

吃是为了健康。孩子每日摄入热量的 50%用于维持生命即基础代谢，比如维持体温、呼吸、心跳等；20%~30%用于生长发育；还有 10%~15%用于运动。

如果摄入过多，运动又过少，那么孩子的能量就在身体内以脂肪的形式堆积了。这影响智力不说，还会让身体器官过于劳累。作为家长，最好对孩子采取“总量控制”法，在保证一定摄入次数的基础上，将一日的总摄入量控制在一个合乎生理需要的范围之内。

2. 不要给孩子吃宵夜

正常孩子在入睡这个环节上所花去的时间为 10~30 分钟，但在睡前 1 小时之内吃过夜宵的孩子，将花去 30~50 分钟才能入睡。尤其是进食过多的高蛋白、高脂肪食物后，孩子的整个肠胃系统会处于高负荷运行状态，甚至睡着后这部分器官也得不到休息。这不仅影响孩子的睡眠质量，使孩子受惊做梦，也容易造成消化不良，使孩子患上胃肠等方面的疾病。

3. 适当摄入甜食

我们吃进身体的糖类能转化成葡萄糖，成为脑细胞的能源。因此，适量吃一些含糖食物，有助于孩子的大脑发育。但是，这并不等于孩子吃糖越多越好。有医学研究发现，人体摄糖过多，会使身体成为不良的酸性体质，而且还会影响人体对蛋白质和多种维生素的摄入，导致机体营养不良，从而影响大脑发育。

甜食过量导致儿童肥胖。由于体重超标，身体运动不便，肥胖儿童不愿意参与运动，使大脑得不到信息的刺激，影响智力发育；而缺少运动，又会使孩子肥胖加剧。如此恶性循环，造成“肥胖儿童智力整体上比非肥胖儿童低”的严酷事实。所以，不管你的孩子多么喜欢吃甜食，都要控制在一定范围内。

有些事情要孩子独立做

小菊4岁了，可是做事情没有自己的主意。在幼儿园里，有小朋友要用她的水彩笔，她当时也在用水彩笔，但是有人借，她就给人家了。结果，在老师要求的时间内她没完成画画。小菊跟妈妈讲这个事情的时候，满心的委屈。妈妈纳闷，她既然不愿意把自己的水彩笔借给别人，为什么还要借呢？

独立是孩子成长的需要

孩子从出生起，生命就开始走向独立。到了独立行走的那一天，他们的独立性大大增强，手部功能、眼部功能、行走能力、语言能力等都获得了很大的发展，具备了独立的资本。

1岁以后的孩子，有争抢做事的表现，这是孩子要走向独立的表示。父母适度地放手和支持，不但是提升孩子做事能力的必要条件，也是孩子人格走向独立的充分条件。

有些父母认识不到这一点，只想着让孩子幸福快乐，却没有认识到孩子真正的快乐来自理想实现后的自我满足和自信，而是觉得孩子有了良好的物质生活就快乐了。父母对孩子爱得过度，什么都替孩子做了，却不知道就是在这个包办的过程中，孩子丧失了独立能力。

我的一位朋友，30 多岁才有了一个女儿，比爱自己的生命还爱女儿。平时，女儿要什么给什么，女儿不要的只要她想到了也会给；什么事情都不让女儿做，女儿什么都不会做。女孩都十几岁了，从没有自己做过任何事情，遇到一点儿小事就着急。有一天，家里来客人，妈妈让她出门买一个打火机。谁知女孩愣是不去，因为她不知道去哪里买打火机。

这样的孩子属于社会化程度非常低的人，因为父母没有给他们独立做事的机会，导致他们不能自己去完成一件本该可以完成的事情。行为上的不独立必将导致思想上的依赖，因为思想不是凭空产生的，而是建立在对客观世界认识的基础上的，而孩子的认识离不开行动上的支撑。

所以父母一定要记得，独立是孩子成长的需要。父母只有配合孩子，给孩子独立的机会，孩子才能真正成为一个幸福的人。父母越是想要孩子幸福，越要根据孩子的心理发展，培养孩子拥有做事的能力和健全的人格。

教养关键 03

父母不能感情用事

当下大部分家庭中的孩子都是独生子女，大人多孩子少的局面使孩子越发显得宝贝，这也使“溺爱”和“包办”的情况变得越来越多。

为了防止出现这种情况，父母要明白什么是真正的成长，怎么做才是为孩子好，不能因“爱”蒙蔽了心智。为了防止感情用事，一定要做到以下几点。

1. 搞清什么是长大

对孩子来讲，真正的长大，是能力和心智的全面提升。所谓的能力，范围非常广泛，有认知能力、操作能力、社交能力等。心智指人们对已知事物的沉淀和储存，通过生物反应而实现动因的一种能力总和，包括智能力和潜能力。

不管是孩子哪种能力的发展，都离不开实践，而孩子的实践能力不是说孩子去做了就能拥有，而是一个从小到大循序发展和提升的过程。特别是6岁以前，孩子处于某项能力发展的敏感期时，更要充分给孩子提供机会，因为这个时期孩子对来自外界的特定刺激接收得更快，更能提升他的能力，让孩子拥有自信，增强做事的欲望。

2. 给孩子创造做事的机会

有的时候，孩子不知道什么事情可以自己做，父母就要帮助孩子提升认识。父母可以通过做具体的事情，让孩子认识到哪些事情是自己能做的、必须做的、可以做的，哪些事情是孩子不可以做的。这样孩子心里就会有谱，就不会在做与不做之间徘徊，更不会把任何事情都拒之于自己之外。

比如，早晨起来穿衣服，为了赶时间，妈妈给孩子穿惯了。但是，长此以往下去，孩子永远学不会穿衣服。所以，在玩耍的时候，父母可以让孩子练习给家里的玩具穿衣服，这种形式孩子是非常乐于参与的。也可以在周末的早晨，让孩子自己穿衣服，因为不怕迟到，穿多久都没关系。如果孩子不愿意穿，父母千万不能手软，一旦帮忙，就起不到锻炼孩子的作用了，他也永远学不会穿衣服，更学不会快速穿衣服。连个衣服都穿不好，孩子还能洗衣吗？做事的能力是环环相扣的，教会了孩子最基本的能力，孩子才能学会更强的能力，才能获得全面能力的提升。

3. 多和孩子商量

孩子3岁以后，当家做主的愿望比较强烈。这个时候，父母大事和孩子商量，如房间的布置，可以和孩子一起筹划设计方案，鼓励孩子提出自己的建议，如果可行，则尽量采纳其建议；小事由孩子自己安排，如到商店选什么样的衣服、选择什么玩具、喝哪种饮料、买哪本书等。

4. 提升孩子的拒绝能力

不会说“不”的孩子，独立能力一定是有欠缺的。这样的孩子因为不敢坚持自己的观点，很容易随大流，影响创造性思维的发展。为了锻炼孩子说“不”的能力，父母可以给孩子出一些难题，让孩子去判断该不该去做，以提升孩子对不同意的事情的态度，和对自己的自信。

要求孩子做事有条理

小青对自己的物品管理得很不好，很多玩具都是玩过了就扔，等下次想起来要玩的时候，就找不着了。她在家里经常说：“妈妈，我的剪刀呢？我要玩贴纸！”“我的画笔没有红色，怎么回事呢？”“昨天，妈妈给我买的新本子找不到了！”……总之，小青经常处于“找”的状态，搞得家里很乱。

小青让妈妈担心的还有一件事情，就是她常常做着一件事情，还没有做完，就扔下玩别的去了。

条理性关系重大

孩子的本性是要求生活有条理的，这从 6 岁前出现的几个秩序敏感期就可以了解到。

3 岁之前，孩子没有记忆，很多事情是在无意识状态下完成的，但是这并不等于这个阶段孩子就可以不讲条理。孩子坐过的小椅子如果被别人坐了，他就会抗议，这就是孩子心里萌芽的秩序感。父母保护好孩子内心对秩序的需要，孩子的秩序感建立得就好。

婷婷喜欢喝蜂蜜水，每天都要喝一杯，每次喝完后，妈妈都把蜂蜜放进家里的小冰箱里，把杯子洗干净放到茶几的大盘子里。有一天，奶奶来家里，给孩子喝完蜂蜜水后，蜂蜜放进了大冰箱，杯子连洗都没有洗就放在了盘子里。婷婷见了，伸着胳膊指着奶奶连喊带叫，搞得奶奶很郁闷，心想这孩子怎么这么不听话，都喝过水了还闹？妈妈微笑着走过来，把东西复归原位，并清洗了杯子，婷婷开心地笑了。

3岁以后，孩子的意识逐渐苏醒，人格也开始萌芽，对秩序的要求更高，达到了执拗的程度。利用孩子的这个特点，培养孩子做事情的条理，会事半功倍。

牛牛从3岁以后，就变得特别执拗，动不动就是“不”“我不”。每次妈妈让牛牛穿袜子，牛牛就一定要光脚丫。妈妈改变方案了：“牛牛，今天不穿袜子了，光着脚丫吧！”这孩子顺口就说：“不！”第二天、第三天还是这样。慢慢地，牛牛就养成了穿鞋前先穿袜子的习惯。

所以，父母千万不要把6岁前的孩子看简单了，觉得怎么做事、事情做得怎么样都无所谓。如果孩子总是以一种不良的行为方式做事，那么他很容易形成不良的人格。这个年龄阶段的孩子，心理过程的随意性很强，自我控制能力较差，常常一件事没做完又想着做另一件事，显得做事杂乱无章、缺乏条理。入园后的孩子虽然时间安排上有了一定的规则，有助于孩子形成做事的次序，但这远远不够，因为一个好品质的形成，既需要好习惯的支撑，也需要不断地战胜坏习惯。如果坏习惯不断地出现，且对好习惯的冲击力很强，那么会导致好习惯不能内化成真正的好品质。

孩子的成长过程，就是习惯养成、人格培养的过程，所以父母要避免孩子形成不良的行为习惯，不要疏忽大意。父母不能因为孩子小，自控力差就允许孩子做事没有条理。这样的话，不但影响当下孩子的做事效率，还影响孩子以后的行为、习惯。

教养关键 04

让孩子做事富于条理

孩子的逻辑思维还没有发展，实践经验也比较少，所以做事情缺乏逻辑性不是短时期内就能够解决的问题。但是家长的耐心培养，却能够让孩子养成有条理的习惯。

1. 编行为顺口溜

军军是个 3 岁的小男孩，每天晚上睡觉之前，都会主动跟妈妈说，洗脚、讲故事、睡觉。洗完脚之后，他会把脱下来的衣服叠好放到小柜子里，然后换上睡衣，躺在床上等着妈妈来讲故事。

有些孩子是晚上到点不睡觉，早晨到点赖在床上不起来，到了睡觉的时间想玩，到了起床的时间想睡。孩子出现这样的问题，就是时间上的条理性比较差。时间久了，孩子就习惯了这种无序的生活方式。

如果父母尽早帮助孩子建立一种有序的生活方式，孩子就能对抗各种干扰。举个简单的例子，有些孩子不喜欢脱衣服，尤其是冬天的厚衣服。父母可以给孩子编个儿歌："脱掉毛衣，放到衣架上；脱掉毛裤压上去；秋衣秋裤一起脱，藏到毛衣里边去！"这样边说边做，不但消减了孩子脱衣的不适，还容易帮助孩子养成习惯。习惯成了自然，孩子就会成为一个做事情讲究条理的人。

2. 把作息制度固定下来

有规律的生活是培养孩子做事有条理的重要前提。父母应根据孩子的年龄特点和家庭条件，把每天起床、睡觉、做游戏、看动画片、学习及家务劳动的时间都固定下来，可具体应该怎么固定呢？

最常见的一种方式是把作息制度落实到文字上，并贴到孩子的床头。

有位妈妈是这样做的，她不但写下每天的起床、睡觉、阅读、运动、玩耍的时间，还在每件事的前面画上了反面的图案，比如，睡觉时间一栏画了个玩耍的小人，在起床的一栏里画了一个赖在床上大睡的小胖猪……而且每一件事都会用不同的形式隔开，非常醒目地区分好。孩子一看到图片，就能联想到自己，警示作用很显著。

还有一种就是随时提示的方式，也就是到什么时间就提示做什么事情。

不管采用哪种方式，父母一定要有具体的讲解，要耐心细致地交代清楚为什么这么做、这么做有什么好处、具体该怎么做。

当父母要求孩子守规矩的时候，自己也要做到。比如，要求孩子睡觉，自己却坐在电脑前玩游戏，这样的父母在孩子面前迟早要失去威信。即使父母有工作要做，也要跟孩子解释清楚。孩子是非常聪明的，他们知道父母工作是为了赚钱，就能接受，并听从父母的指示。

培养一个彬彬有礼的好孩子

小虎是一个3岁的男孩，长得虎头虎脑的，一对横眉有几分英气，走到哪里都是一副什么也不怕的神情。小虎虽然可爱，但也有让妈妈尴尬的时候。一天，爸爸的同学们聚会，全家人一同前往。宴会进行中，小虎大喊一声："我要大便!"全桌人哄堂大笑！一位叔叔很风趣地说："你蹲到餐桌上去，直接来吧!"小虎抬起屁股就要站到椅子上，妈妈看他真想上餐桌，赶紧抱着他去了卫生间。

事后，妈妈想，这是跟同学的聚会，要是有重要人物或者长辈，这该多没面子啊！妈妈很烦恼，在孩子的礼貌教育上，自己也不是没花费心思，可是这个孩子总是能在关键时刻弄出一些状况来，真是让人为难啊！

关于孩子的礼貌教育

有礼貌的孩子人见人爱！当你向小朋友问好，对方很开心地回应你时，你是不是心情一下子就好了？当你把礼物送给小朋友，对方能回说"谢谢"的时候，你的心里是不是高兴？

这就是礼貌的力量。很简单的几句礼貌用语，能让对方感受到你是一个有修养的人，是一个善良的、心里有别人的人。任何一个人都有被重视的渴望，被别人以礼相待会有被重视的感觉，当然也就会因为内心的满足而开心快乐！

讲礼貌能够融洽人与人之间的关系，对孩子来讲就是能够与小伙伴友好相处。如果父母是懂礼貌的人，会导向孩子模仿而懂得礼貌。

对于6岁前的孩子，他们的思维形式大都处于直观行动思维和具体形象思维之中，而抽象逻辑思维还处于萌芽阶段，几乎没有。如果单单跟孩子讲要讲礼貌，他们一般是理解不了的。如果让4岁前的孩子看别人是如何礼貌地待人接物的，可能都无法培养起他的礼貌行为，因为这个阶段的孩子大都是直观行动思维。因此，只有教孩子具体怎么做，将礼貌培养成习惯，才能内化为孩子的品质，让孩子成为懂礼貌的人。

比如，带孩子去幼儿园，从家里出来的时候，妈妈就告诉孩子到了学校门口要跟老师、同学问好。到了之后，妈妈先跟老师说："老师，早上好！"这样孩子就会很自然地说出："老师，早上好！"

再如，当别人送给孩子礼物的时候，父母要先对人家说："谢谢，让您破费了！"然后再对孩子说："宝宝，快谢谢阿姨！"

以上方法都是让孩子通过直观行动习得某种礼貌的行为，对孩子来讲效果比较好。可是有些家长习惯于把功课做在事后，等到孩子有了不礼貌的行为后，才想到让孩子学习讲礼貌。他们经常会说："臭小子，一点儿都不懂礼貌！不知道谢人啊！""这孩子肉着了，胆子小，不会说话！"这样的家长动不动就给孩子贴上负面的标签，导致孩子心情不好，当然就说不出让别人开心的话了。

教养关键05

给孩子充满礼貌用语的环境

礼貌教育一定要从小进行，因为对于吸收性心智的孩子来说，语言的学习是在大脑完全无意识的状态下开始的，发展完成之后就成为大脑的一部分。当孩子有了意识以后，会很努力地学习语言，因为他渴望与人沟通，表达自己的诉求，所以他在潜意识里就加紧对语言的学习。可以说，孩子对语言的学习是天性，是生命发展的需要，家长所能做的就是给孩子提供一个优良的语言环境，而说礼貌用语就是其中的重要方面。具体说来，应该怎么做呢？

1. 说话之初，多教礼貌语

孩子刚开始学习说话的时候，父母多跟孩子说礼貌语，比如“谢谢”“请”“对不起”“欢迎”等。这些话语要在具体的情境里说出来，让孩子听到，使他印象加深。另外，在和孩子交流中，对孩子说：“请把那个杯子递给妈妈！”等孩子递过来的时候，对他说“谢谢”。

孩子不能流利表达的时候，父母可以教孩子一些身势语言。见到人，对孩子说：“笑一个！”分别的时候，让孩子挥挥手，表达再见；和小朋友见面的时候，教孩子拥抱一下、握握手，都很好。这也是孩子的礼貌培养。

有的人在讲礼貌上有一种“对外不对内”的习惯，也就是他们觉得礼貌是向着外人表现的，而不是家庭成员之间使用的方式。其实，讲礼貌能让对方感受到被尊重，能够增进彼此之间的感情。

2. 重复和纠正

父母不要指望自己跟孩子表达一次，孩子就能记住。有的孩子需要父母重复几次，才能落实到行动中，所以父母不要太急躁。即使有的孩子在说过几次“谢谢”后，又不会说了，也很正常。当孩子说出来的时候，父母要给予鼓励和肯定，孩子感受到满足，就会表现更好。当孩子不会说的时候，父母提示一下就好了。即使孩子有不礼貌的行为，父母也不要责怪、埋怨孩子，而是要耐心地纠正他。

3. 讲究说话礼仪

对于较大一点儿的孩子，比如 3 岁以后，父母就要教孩子一些说话的礼仪。让孩子明白，大人说话的时候，不要插嘴；别人说话的时候，要耐心倾听不能大声喧哗；平时和大人说话，要看着对方的眼睛、认真听，不可随意走开。

如果孩子偶尔出现了打断别人话语的行为，父母不要当面责怪孩子，而是要等事后跟孩子说这个表现不礼貌，以后不能这样。千万不要因为孩子有不好的表现，就对孩子妄加评论，那样的话，孩子可能就把父母的评论当作标准，一错再错了。

还要教孩子一些待客之道和做客之道。稍大一点儿的孩子，父母不如放手让他摆糖果、拿饮料；如果有小朋友来，提醒孩子主动拿出自己的零食、玩具、图画书，和小朋友一起分享，不和小朋友争吵；不要凭着客人在，提一些额外的要求，或无理取闹。

和孩子一起读绘本

有一位妈妈在一篇文章中，很真诚地描述了绘本对儿子成长的影响。从孩子出生6个月后，妈妈就给儿子读绘本。每天晚上儿子都是伴随着一个个美丽的故事入眠的，睡得特别好。

有一次，妈妈给孩子读《逃家小兔》的故事。儿子大受鼓舞，很郑重地向妈妈表达了自己的爱，还说永远不和妈妈分开。

孩子的成长是一个被外界影响的过程，而书籍是能够给孩子良好影响的最好方式。孩子可以从书中认识世界、感受世界，学习语言、学习智慧，体验爱，获得人生的精神力量支撑，让内心深处更温暖。而6岁前的孩子，是认不全书上的字的，那么阅读绘本就成了一种特别好的方式。

给6岁前孩子特别的爱——绘本

绘本是让孩子爱上阅读的最好读物之一。绘本也叫图画书，以插画的精美和语言的凝练赢得了读者的喜爱。6岁前的孩子喜欢阅读绘本，就在于书中那会说话的图画和极富表现力的语言非常吸引人。

有些孩子上了小学的妈妈向我反馈，说孩子不喜欢读书，一看书不是头疼就是走来走去的找事做，可在电视、电脑跟前却能一坐几小时，愁得不知道怎么办才好。

面对这种情况，我只能说，在该培养孩子阅读习惯的时候，没有培养起来，反倒是养成了一个看电视、玩电脑的习惯。这种情况，问题就出在父母的不在乎或者大意上，错过了培养孩子阅读习惯的关键期。

很多有心的父母能够发现，当孩子六七岁，带他们去图书大厦时，他们会在那里表现出一种乐在其中的陶醉。他们不再像平时那么顽劣，而是一脸严肃和认真地翻找自己喜欢的书籍，等找到一本喜欢的书时，眼睛发亮，阅读一会儿神情就会随着故事情节的起伏而改变，时而严肃、时而微笑的样子着实让人喜欢。即使他们不能完全看懂，但也进入了图画的境界，也启发了心智。

当下的绘本书，内容非常广泛，有少儿自助的、有生活智慧的、有开发智力的、有品德养成的……不管哪一类，对孩子来讲都是有益的。在和阅读过绘本的孩子交流的过程中，你会有这样的感觉，孩子会不自觉地使用绘本里的情节、词语、画面、动作，那种无师自通的可爱样子任谁见了都欣喜无限。

我们知道，决定一个孩子成功与否的是孩子的成功智力。成功智力包括分析性智力、实践性智力、创造性智力，而分析性智力和创造性智力都是通过阅读提升的。创造性智力通俗来讲指的是独立地创造出新产品的能力，这项能力的基础就是创造性想象加上表达能力。创造性想象是根据一定目的、任务，在头脑中独立地创造出新形象的过程。孩子在阅读绘本的过程中，是一个积累表现的过程和开拓思维的过程，为创造性想象打下了基础。

孩子上学以后，会出现一些让父母头疼的事情，比如，注意力不集中、喜欢看电视、上网玩游戏等，这些问题花费了父母很多的精力都没能很好地解决。但是，很多有阅读习惯的孩子却没有这样的问题出现。这些孩子最初的阅读是从阅读绘本开始的，如果能够坚持每天阅读，到了一年级下半年就能阅读长篇小说了。书籍因为有故事而对孩子有着广泛的吸引力，一旦孩子养成了阅读的习惯，就会受益一生了。这不仅能够提升学习能力，还可以滋润孩子的精神世界，使孩子更爱阅读、更爱表达、更有想象力。

教养关键 06

让孩子读到好绘本

我们之所以培养孩子阅读的习惯，是希望孩子能够通过阅读增长见识、积累知识、提升能力、塑造人格。但要达到这一点，是一件很不容易的事情。

一个孩子在读了一本绘本后，从中学会了一句话："你这个混蛋！"于是，这个孩子一张口就是"混蛋"。出现这种情况，很大的一个原因就是父母给孩子选择绘本的时候，没有考虑到孩子的年龄。对于正处于语言学习敏感期的孩子，他们对外部的语言是照单全收的，父母要注意选择适合孩子年龄特点的书籍阅读。比如，一两岁的孩子，思维形式是直观行动式的，所以要给他选择情节简单、句子短小精练、容易理解的绘本来阅读。

1. 把好内容关

对于 6 岁前的孩子，绘本的基本内容应该是以爱为基础的人格塑造和行为养成，形式活泼、有趣，文字通俗、生动，对孩子有较强的吸引力。

世界上有许多绘本评选的重要权威奖项，如英国凯特·格林纳威奖、德国绘本大奖、国际安徒生奖画家奖、意大利波隆那国际儿童书展最佳童书等，其中以 1937 年成立的美国凯迪克奖最受瞩目。凯迪克奖之所以能成为绘本界的重要奖项，主要在于其评选标准的创新，看重作品的艺术价值、特殊创意，尤其是每一本得奖作品都必须有“寓教于乐”的功能，让孩子在阅读的过程中，既锻炼了思维，又开发了智力。

适合 3 岁前儿童阅读的绘本有《脸，脸，各种各样的脸》《幸福的小土豆》《没有耳朵的兔子》等。

2. 兼顾孩子的气质特点

由于遗传因素的影响，不同的孩子具有不同的气质类型，例如：有的孩子内向悲观、认真敏感；有的孩子外向乐观，但无条理、无计划；有的孩子文静友善，但毫无主见；有的孩子喜欢挑战、争辩、固执己见。气质上的不足如果在后天成长过程中没有获得很好的锻炼与发展，可能会形成人格弱点，影响一生的幸福。

因此，面对不同气质类型的孩子，父母就要选择能够弥补孩子性格弱点的书籍。比如，孩子性格内向胆小，可以选择一些主角充满勇气的绘本讲给孩子听，孩子受到绘本中人物的激励，就会有所改变，变得不再像过去那么胆小。

给孩子订立规则

一天，两个5岁的孩子比赛玩滑板，说好谁在不摔跤的情况下最先滑到目的地再滑回来，谁就赢了这场比赛。两个孩子平时都滑得不错，每个人脸上都流露出志在必得的自信。比赛号令一响，他们箭一般冲了出去，一会儿弯腰，一会儿身体站直，你追我赶，先后到了目的地后迅速跳跃转回，眼看着就要到达终点的时候，前面的孩子滑板撞到地面上的硬物翻倒了，后面的孩子反超过来取得了第一名。

摔倒的孩子没有取得第一名，一脸的沮丧，他的妈妈对周围人说："我儿子要是没有摔倒，就是第一名！这次不算，改日再比一次！看谁才是真正的第一名！"

面对此情此景，我再一次感受到了我们的父母在培养孩子的规则意识上的薄弱，他们不知道教孩子懂得尊重规则是教育孩子的重要方面。

尽早培养规则意识

俗话说，没有规矩不成方圆。我们生活的社会是存在着各种各样的规则的，比如道德、法律、习俗、规定等。这些规则是保证我们每个人正常生活的必要条件，只有每个人都遵守，才能保证这个社会的和谐发展。

培养孩子的社会化，通俗一点儿来讲，就是让孩子懂社会规则，否则，这个孩子将难以在这个社会上立足。

曾经听到过这么一个故事。因为一些学生不守课堂纪律，老师一时情绪失控，要求他们互扇耳光，造成很多孩子的脸部出现了伤痕。这位老师的行为属于变相体罚学生，伤害了学生身心健康。这个事件中，被打的孩子和要求孩子互打的老师都是不懂规则的，孩子不懂课堂规则，老师不懂为师规则，所以才会出现这种出格的行为。

既然是规则，就具有一定的制约性。社会由种种规则维持着秩序，不管这种规则是人为设定的还是客观存在的，只要是规则，便具有制约性，因为规则都具有绝对的或相对的约束力。在一定的范围内得到许可的行为，才是可行的行为。自由不等于为所欲为，被规则限制的自由才是真正的自由，为所欲为不被制约是不现实的自由。要孩子成为一个社会化的人，父母必须有足够的规则意识，这样才会重视孩子的规则培养。

有个孩子特别懂规矩，一举手一投足都能照顾到别人的感受。很多大人不理解这么小的孩子怎么会这么懂事。原来，他的妈妈特别重视孩子的规则培养。孩子每次坐小椅子的时候，妈妈都把小椅子很平稳、很规矩地放在客厅里，让孩子坐上去，从不许孩子拉着小椅子跑。妈妈告诉他，拉着小椅子到处跑，会产生很大的声响，影响楼下人家的生活，人家会有意见的。就这样，孩子从没拉着小椅子跑过。如果别人做什么声音大了，他还知道提醒别人呢。

孩子出生以后没有任何社会经验，他们的规则意识很大程度上在于大人的培养，所以如果你的孩子不懂规矩，一定不要怪孩子不争气，而要先找找自己身上的原因。

教养关键 07

怎么培养孩子的规则意识

根据皮亚杰的观点，0~5 岁的孩子极少对规则表现出关心或注意。这个阶段的孩子还没有意识到规则的存在，因此道德规则也还没有建立。皮亚杰把这个阶段称之为前道德阶段。

从 5 岁开始，孩子进入了他律道德阶段。这个阶段的孩子具有很强的规则意识，他们逐步认识到规则是由权威人物制定的，并把这些规则看作是神圣不可侵犯的。

父母在教育 6 岁前的孩子的过程中，有些规则跟孩子说了，他们可以遵守，有些规则即使说了孩子也不一定遵守。这跟孩子的思维形式有关，也跟孩子的记忆能力不是很强有关，最为重要的一点就是这个年龄段的孩子的意识里没有规则。即使这样，父母仍然要培养他们在日常行为中讲规则，因为只有这样才能让他们从直观行动中体验到规则。

1. 规则不是束缚孩子

有的父母经常对孩子说：“如果你不听话，我就打你!”“如果你不好好练琴，就不要去学了!”“每次都要把馒头吃完!”……本来，大人在孩子眼里就是权威，如果父母还总是这样命令孩子，那么孩子就会觉得规则就是“听妈妈的话”“妈妈说，我照做”“妈妈说不能就不能”“妈妈讲什么都要听”……在孩子眼里，父母就是规则的制定者，而自己是服从者，应该无条件遵守规则。此外，这类孩子大都认为规则一经制定就不能修改了，因为“规则本来就是那样的”。这样多多少少会让孩子感到不快乐，当孩子的第一逆反期来到的时候，经常被规则限制的孩子反应会更加强烈。

特别是那些规则只限制孩子，父母却不照做的时候，孩子的心中会积累很多不满，自然不会去好好遵守。这样孩子很容易就会把遵守规则与避免惩罚联系起来，而不是觉得作为一个人就应该这么做，遵守这些规则才是对的。让孩子体验到遵守规则给自己带来的好处，甚至适当地让孩子体验到没有规则的混乱，那么他们对于规则就会产生内在的需要，而不仅仅是把规则看作外在的控制。

如果父母给孩子制定规则的时候，能和孩子一起商量着来，让孩子感受到自己的被尊重和规则的重要性，那么孩子的主人翁意识就很容易建立，对于规则就不会排斥而是拥护。

建立常规的目的在于，让孩子在理解和遵守规则的过程中内化社会规范，获得社会性的发展。因此，规则存在的意义不在于限制孩子，而在于促进孩子的发展。

2. 订立规则的注意事项

订立规则最为重要的一点就是内容要明确，让孩子搞清楚他需要怎么做。另外，还要明确地告诉孩子，这样做的后果是与他的利益紧密相关的。人对自己好是一种本能，知道了这么做跟自己关系重大，孩子才会用心。

让孩子认为自己是好孩子

君华是一个4岁的女孩。一天，妈妈把她从幼儿园接回来后，就让她在房间里玩玩具，叮嘱了几句“不要淘气”后，就进厨房做饭去了。

妈妈再次出来后，发现女儿在客厅里正对着一个破了的玻璃杯掉眼泪。妈妈一下子就火了，那可是她最喜欢的杯子啊！但是看到女儿怯怯的眼神后，妈妈忍住了怒火。

妈妈说：“好孩子，玻璃杯碎了，是吗？”君华抬起头，望着妈妈，然后点点头。妈妈说：“好孩子，告诉妈妈，你想做什么来着？”君华说：“我想给妈妈倒一杯蜂蜜水，可是没拿住，杯子就摔了！妈妈你不打我吧？”妈妈拉着女儿的手说：“当然不打！我的女儿是个好孩子，给妈妈倒水，知道孝敬妈妈了！来，妈妈教你怎么倒水！”

成长目标：好孩子

每个孩子内心深处都有做好孩子的愿望。教育的使命和父母的责任就是呵护这个愿望，让孩子从小就有一种良好的心态，认为自己是个好孩子，从而学会欣赏自己，建立起成长的自信。

做父母的都渴望孩子成为好孩子，从这一点说，和孩子的愿望是一致的。可是，为什么会有孩子没能踏上科学成长的征途，最后也没有收获幸福美满的人生呢？

作为家庭教育的主体，父母在孩子的教育中起着决定性的作用。特别是6岁前的教育，几乎决定着孩子的一生。别的不说，仅父母对孩子的认可对他的影响就特别大，几乎决定了孩子未来人生的走向。

有一位妈妈特别要强，她的人生一直处于对自己不满意的状态中。女儿出生后，她好胜的种子再一次在心中萌芽。她想着自己的孩子一定要比别人家的强，这样才能够战胜别人！别人家的孩子会爬了，她的女儿还不会，她着急；别的孩子皮肤白，她的孩子皮肤稍稍黑一些，她心里就不开心；别的孩子上幼儿园得的小红花多，她心里就不舒服……不断累积的不满在她的心中形成了怨恨，她开始埋怨女儿不聪明、反应慢、皮肤黑、没心眼……其实，在外人眼里，她的女儿是一个非常可爱的小女孩，有着天使一样甜美的微笑，谁见了都想抱抱。

时光荏苒，小女孩一天天长大。女儿上学后因为贪玩学习成绩很不好，妈妈屡次三番地教育女儿要好好学习，做个有出息的人，但是效果并不好。一天，女儿坐在电视机前看电视而不去写作业，妈妈怎么说都不管用，便忍不住伸手打了女儿一巴掌。女儿顿时大哭着对妈妈说："打吧打吧！你一直就觉得我这里不行那里不行，打死我算了！反正我也活够了！"

这个故事说明了当下家庭教育中的一个典型的现状：父母对孩子不自信导致教育行为消极，进而使得孩子产生低成就动机、低自我概念、消极定势、低自我效能感。这样的孩子因为从事有意义的活动并从中获得满意结果的内在动力比较低，所以对于失败的恐惧远远大于对于成功的期望；

自我概念低于一般孩子；思维刻板，习惯于认为自己是个失败者；面对某个任务时，对自己是否有能够完成任务的能力持怀疑和不确定的态度。

所以，父母在养育孩子的过程中，把孩子定性为一个好孩子，教育行为就是积极和鼓励形式的，孩子的成就动机、自我定位、自我效能感都会比较高。这样的孩子因为感觉到自己是个好孩子，所以对未来是满怀希望的。

父母怎么做，才能让孩子认为自己是个好孩子呢？

教养关键08

给孩子好孩子的感觉

好孩子的感觉最初来自父母及身边权威人物的评价，所以父母要多给孩子积极的评价，评价方式要让孩子感受到父母的真诚。

1. 强化孩子的优点

要想发现优点，先要有一颗认为孩子有优点的心。什么是优点？对于6岁前的孩子，正确的做法、好的言行都是优点，只要利于孩子成长都是值得鼓励的。

有位妈妈带3岁的儿子出去买面条，在路上看到卖小乌龟的，很多人围着要买。这个孩子也很喜欢，但是妈妈说："妈妈就带了2元钱，如果买了小乌龟，爸爸下班后就吃不上面条了！"孩子很懂事地点点头，和妈妈走了。走出人群后，妈妈对儿子说："我家宝贝真懂事，理解妈妈的难处！真是好孩子！妈妈答应你，一定送你一只小乌龟！"

这位妈妈对孩子好行为的肯定和奖励，起到了强化孩子好行为的目的，非常有利于提升孩子良好的自我感觉。孩子会觉得懂事就是好孩子，他以后当然会继续这样做了。

2. 鼓励孩子去做

每个孩子都有胆怯、退缩的时候，父母应该鼓励孩子去做，让孩子品尝成功的满足感，有利于增强孩子战胜自己的能力。

6岁前的孩子，很多经验来自直观动作思维。在做的过程中，他们能够感受到自己心中的“困难”其实没有那么难，从而增加了自我效能感，觉得自己是个好孩子。

不要轻易对孩子说“你错了”

家里来客人了，是妈妈的同事汪叔叔。汪叔叔虽是第一次来，但他十分喜欢晶晶，所以一进门就给她讲故事。妈妈则忙着给客人倒茶，因为是夏天，茶水是早就沏好了放在玻璃壶里的。

茶水徐徐流进杯子里，一家人傻眼了，只见茶水里有小小的一块块苹果，妈妈的脸一下子红了，她猜到一定是晶晶趁着妈妈忙碌的时候干的好事！这个孩子，给她吃的苹果，竟然用安全小剪刀弄成小块放到了茶壶里！

“小汪，不好意思啊！这个孩子太淘气了！我重新换个杯子啊！”当着客人的面妈妈不好发作，但是在心里想，等客人走后，一定好好收拾收拾这个小家伙！

正确看待错误的性质

有一句话叫作，孩子的世界没有对和错，因为孩子是在错误中成长起来的。这样说，有些父母不服气，觉得别人是站着说话不腰疼。

孩子之所以称之为孩子，就是因为他们还处于成长阶段，各种各样的能力都要发展。孩子的能力发展是一个摸着石头过河的过程，他需要外界环境给予适宜的刺激才能发展起来。但是因为没有分辨对错的能力，孩子对各种各样的行为都是照单全收的，这完全是由孩子的吸收性心智决定的。

我们知道，5岁前属于前道德阶段，这个年龄阶段的孩子还没有意识到规则的存在，更没有道德观念。

我亲眼见到一个2岁的孩子，在看到爸爸用挖耳勺掏耳朵后，捡到什么尖尖的小棍类东西都往耳朵里塞。此时的孩子，不知道爸爸为什么做这个动作，但是却被这个动作吸引了，急切地想完成这个动作，于是就有了把“挖耳勺”泛化的行为。

对于这样的事情，父母必须告诉孩子：“你还没有长大，不能做这个动作，否则会弄疼耳朵的！还有可能变得听不到东西！”同时，家人也要避免在孩子面前挖耳朵，因为这么大的孩子是没有记忆力的，父母的叮嘱他可能转眼就忘记了，所以父母再次做的时候，还会唤起孩子的好奇，他还会模仿。

人类是在错误中成长的动物，成长的过程是个试错的过程。托尔斯泰说：“只有什么事情也不干的人，才不至于犯错误，虽然这恰好是他最基本的错误！”错误是一笔财富，人总是在不断地改正自己错误的过程中逐渐走向成熟、走向自我完善的。孩子由于对客观世界的认识有限，而导致行为偏差是在所难免的。

可是，有的父母非常惧怕孩子犯错误，他们脑子里装满了优秀的孩子，觉得出错的孩子就是不够优秀，于是他们千方百计限制孩子犯错、对出错的孩子冷眼相待，这样势必导致孩子做事情畏首畏尾、缩手缩脚。最后，除了导致孩子的智力发展受限，孩子的非智力成长也会受到限制，影响社会化进程。父母对待孩子错误的态度影响着孩子未来的发展。

教养关键 09

改错有方

什么是教育？教育就是父母帮助孩子很好地成长的一种方式！在帮助的内容中有很重要的一项就是帮助孩子改正错误。这个错误当然不是父母认为错就错了，而是从孩子的成长来看是不是不利的。

比如，因为孩子鼓捣家里的东西，把东西弄坏了，父母就对孩子大打出手或者从此严密看管孩子，有可能造成损失的东西就不让孩子摸。这样做等于捆住了孩子的手脚。孩子的智慧在手指上，手能够让孩子不断地感知世界，提升孩子的想象力、创造力、观察力、思维力。如果束缚住孩子的双手，孩子的大脑发育、心理成长就会受到限制，所以父母绝不可因噎废食。

抓住孩子弄坏东西的机会，跟孩子讲讲这个东西的性质，使用的时候要如何小心，孩子以后就能吸取教训了。这就是成长。

1. 错了多次， 也要原谅

当孩子再次犯错误的时候，父母常常会生气，不是教育过了吗？怎么还会犯错误？其实，孩子改正错误的过程本身就是一个反复的、漫长的过程，需要孩子动用自身的意志力与错误的做法和错误的习惯做对抗。6 岁前的孩子意志力一般不够强，从而导致犯错出现反复性。所以，父母万不可因为孩子改正慢而对孩子失去信心，要不断地耐心引导、鼓励和帮助。

2. 少说大道理

6 岁前的孩子，抽象逻辑思维没有发展，当他们有了错误的行为，父母道理讲得再好，也是徒劳，因为孩子无法把这些道理与他们的行为联系起来。

当孩子出错的时候，父母只需耐心沟通，让孩子知道错在了哪里，并给他改正的机会，这就等于给了孩子成长的时间，孩子就会处于一种慢慢成长的过程中。

第 6 章

慎对孩子的“坏行为”，让孩子轻松长大

每个人都不是完美的，成长就是不断地帮助自己走向完美的过程。6 岁前的孩子，自省能力没有发展起来，他们对自己的认识在相当程度上还停留在父母及身边人的评价中，并以此来建构自己。这就要求我们做家长的要多多地了解孩子，透过孩子的行为了解他们的内心世界。即使孩子的行为很糟糕，也不能枉下负面的评判！

哭闹与情绪智力

瑶瑶刚1岁多。妈妈说，这个孩子好好地就会哭闹起来。

小强是个5岁的男孩，特别喜欢出去和小朋友玩，可是常常玩着玩着就哭了。妈妈纳闷，是不是被谁欺负了？观察了几次，并没有发现有哪个孩子欺负他。

超超是一个3岁的男孩，特别喜欢把沙发垫子摞起来玩，搞得家里非常乱。特别是有客人的时候，弄得家人很尴尬，但上前制止超超，他就会哭闹不止。

孩子为什么哭闹

哭，是孩子常见的行为之一，可以说，很多孩子是伴随着哭声长大的。

李灿是个3岁的女孩。出生半年后，妈妈就去上班了，大部分时间她都和奶奶待在一起。李灿特别听话，妈妈离开的时候没有哭过，妈妈下班回来后就开心地和妈妈玩。可是长大了，她倒喜欢哭了。每天一到妈妈下班的点，就要站在门口等妈妈，等急了就会大哭。有时，这个孩子想做什么，奶奶不让，她也会大哭。奶奶觉得这个孩子真是越大越不听话了！

这是一个典型的祖辈看孩子的案例。老年人因为习惯了孩子听话的样子，孩子不听话，就觉得是孩子变了。其实，孩子长到3岁的时候，自我意识增强，做事情有了自己的想法，如果不符合他们的想法，又没能给他们一个很好的解释或者没有说服他们，那么他们心里就会不舒服。

3岁的孩子有一项重要任务，就是不但要建构内在的秩序，而且要维护这种秩序。如果外界的环境、设置、安排与他们内在的秩序不一致，他们就会哭闹、焦虑，直到变得一致为止。

所以当孩子哭闹时，父母不要简单化地认为孩子变得不听话了、执拗了、脾气坏了。孩子哭闹一定是有原因的，这些原因包括一眼就能看穿的，比如生病、被欺负、身体受到伤害等，还包括一些隐性的原因，最为常见的有以下几种。

1. 被忽视了

孩子有一种渴望被重视的心理。比如，大人们聚在一起难免会聊一些大人的事情。但孩子一旦感觉自己被忽视了就可能哭泣。所以，父母们，当你们休闲的时候，也要顾虑到孩子的需要，最好多几个孩子，这样孩子有了伙伴才不会失落。

2. 被误解了

很多时候孩子哭闹，是父母误解了孩子的意思。比如，孩子把手往嘴里放，可能是寻求安慰，可是妈妈却觉得孩子是饿了，把孩子的手从嘴里拽出来，让孩子吃东西。孩子不想吃东西，必然又哭又闹。

3. 孩子有抵触情绪

有的时候，孩子对某件事会有不愿意或者畏难情绪，如果父母坚持，孩子就会哭闹。最典型的就是睡觉，如果孩子睡前正玩在兴头上或者看电视入了迷，父母让孩子睡觉，他会非常不愿意，就有了抵触情绪。如果父母强迫他睡，他就会哭闹。

遇到类似情况，父母就要坚持让孩子停下来，准备睡觉，千万不要向孩子的哭闹屈服。还有一点就是，尽量提前让孩子结束玩耍，以准备睡觉，养成良好的习惯后，孩子的生物钟有了规律，到点就能睡觉了。

4. 不耐烦

孩子喜欢新鲜有趣的事情，耐心有限，做一件事情久了、待在一个地方的时间长了、旅途枯燥了等，都会导致孩子不开心，如果得不到改变，孩子就会哭闹。

当然，导致孩子哭泣的原因还有很多。但不管是哪种原因造成的孩子情绪波动，父母都要积极对待，寻找哭泣的原因，分析哭泣带来的后果，然后再想出适当的方法帮助孩子恢复好心情。

教养关键 01

教孩子处理情绪

孩子需要偶尔哭几声发泄一下情绪，但是动不动就哭就不好了。孩子和大人一样，也会有生气、伤心、沮丧和失望的时候，但是这不等于情绪不好的时候就可以大声哭。

我们培养孩子，有一个重要的目标，就是提升孩子的情绪智力。情绪智力指的是一个人识别、理解自己和他人的情绪状态，并利用这些信息来解决问题和调节行为的能力。一个人的情绪智力高低，关系着这个人能否建立起良好的社会支持系统，决定着他的内心是否安定，生活是否快乐。

培养孩子的情绪智力，需要从孩子小的时候开始就教会孩子处理好情绪问题之一——哭泣。对于弱小的孩子，哭泣是发泄情绪最方便实用的工具。我们主张有坏情绪发泄出来，但是却不可以以尖叫、地上打滚、哭喊、摔东西、骂人、踢打的方式来表达和发泄。父母要教会孩子有了不良情绪可以发泄，但是要选择途径。

1. 准备好发泄地

孩子哭泣的原因，有的时候是已经成了定局，无法改变了的，这个时候发泄一下就是最好的安抚方法。在家里开辟出一小块地方或者把孩子的房间当成情绪发泄地。当孩子特别生气，而又不能满足孩子的时候，可以把孩子带到发泄地，让孩子通过打枕头、把头埋在被子里、把不开心的事情画下来或者写下来等方式，来把不良情绪发泄出来。

2. 让孩子说出来

不管孩子因为什么情况哭泣，父母第一时间要做的是把孩子抱在怀里，问："宝宝，你怎么了？"当然，这个期间还要根据周围情况自己判断一下孩子究竟是怎么了。即便父母有一个判断，也要听孩子说，以免陷入主观片面的巢穴，反倒不能解决孩子的问题。

如果孩子不肯说，只是哭，那么父母就要鼓励孩子："宝贝，你想怎么样？说出来妈妈才知道你想要什么，哭是没有用的！"以此培养孩子有想法说出来的习惯，而不是用哭闹的方式来索取。千万不要孩子一哭就去哄，那样孩子会把哭当成解决问题的途径。

如果孩子坚决不说，那么就可能是有了负面情绪，想发泄。就让孩子哭 1 分钟，然后转移孩子的注意力就好了。

3. 鼓励孩子

有的孩子哭泣，可能是在生活中遭遇了挫折导致情绪低落而哭泣。对于这样的孩子，父母要帮助孩子找到方法，提升能力，让孩子有自信。这样孩子就不会因为觉得自己无能而哭泣了。

4. 不向威胁屈服

当孩子以哭泣的方式去征服父母的时候，父母对他置之不理，会让事情更好办。因为这样等于父母在告诉他，哭泣是不被接受的，父母不会因为他的哭泣而向他妥协。否则的话，孩子的哭声就会随着孩子的欲望升级，越来越响亮了。

不要让尿床伤了孩子

与好友一起聊孩子。好友说："昨天晚上又水漫褥子了！儿子还算聪明，爬到我身上继续睡！没办法，我挪到一边，把老公挤到了客厅去睡觉。"好友的儿子 3 岁了，偶尔会尿床，但她并没有过多地担心，更没有觉得麻烦。

孩子尿床是每一位家长都会遇到的事情。孩子尿床后，怎么做的父母都有，像我好友这么开明的妈妈真的是孩子的幸运！

尿床是不是问题

在美国电影《孤独的长跑者》中，那个得了遗传性遗尿症的男生，每天一放学就拼命跑回家，为的只是收回被母亲挂在窗外的床单。可见，在懂事了的孩子眼里，尿床是一件令他们感到耻辱的事情，会伤害到他们的自尊。

而在大人眼里，孩子尿床则是一件麻烦事。2 岁前的孩子，由于神经系统没有发育完全，大脑不能控制排尿行为，加上膀胱括约肌、没有发育好，排尿的良好习惯尚未养成，所以会出现偶尔尿床的情况。如果孩子 5

岁了，还是尿床，那么可能患有遗尿症，就需要治疗。所以，大多数孩子尿床不是疾病，是可以控制和改变的。

因为小便是受中枢神经系统控制的条件反射，一旦尿床受到了严厉斥责，孩子就会有意识地憋尿。现代医学研究指出，人能抑制尿的排放的原因，是在脑神经支配下，靠膀胱内括约肌、逼尿肌的协调作用形成的结果。所以在孩子憋尿意念的作用下，容易形成人为的尿潴留。憋尿后，尿在膀胱内停留时间过长，尿中有毒物质被肾小管重新吸收，会加重肾脏的负担。

如经常憋尿，小便次数减少，清除作用就会减弱，造成细菌肆意生长繁殖，女孩还容易引起括约肌系统感染。憋尿时间过长，末梢神经就会因过分紧张而出现麻痹，使人失去排尿感。久而久之，会产生膀胱颈梗阻，出现排尿困难、漏尿、尿失禁等症状。

所以，当孩子的神经系统和膀胱周围的肌肉还没有很好地发育起来的时候，父母不要拿孩子尿床的事情当回事，给予过多的斥责，让孩子觉得自己做错了事情。父母要想到，孩子尿床是“身不由己”的事情。2 岁以后，孩子有了控制大小便的能力，这种能力在白天的时候表现得比较强，晚上则会相对弱一些，所以孩子还会出现尿床的现象。一般来说，孩子尿床是由于机能原因引起的，在排除了疾病原因以后，如果次数不多就无须特别理会。等孩子大一些，随着神经系统发育的不断完善，他的膀胱括约肌对排尿的控制会自然形成。

教养关键 02

让孩子不尿床的做法

尿床的情况多发生在夜间睡觉或玩得高兴时，如果父母足够细心，注意观察孩子的情况，是可以避免的。

1. 睡前预防

如果孩子平时尿次比较频繁，不能坚持睡一整晚，就要做一些预防工作，这样才不会影响孩子的成长。现代医学证明，健康人之所以在长时间睡眠情况下不会尿床，一个重要的原因是人在睡眠时会产生大量的血管升压素，对泌尿器官制造尿液的多少起控制、调节作用。所以，一个晚上叫醒孩子 1~2 次即可，否则会打乱睡眠规律，导致熟睡时才分泌的具有调节、控制尿液的血管升压素分泌紊乱，不能随着年龄的增长而分泌增多，使孩子到了 5 周岁以后，还会尿床。

睡前不要让孩子喝太多水，也不要吃太多水果；睡前 1 小时最好不要喝水、吃水果；有睡前喝奶习惯的孩子，也应尽量改变；睡觉前，督促孩子小便，不要憋尿睡觉；晚餐吃得清淡点儿，不要咸了，以免孩子口渴起夜喝水。

如果赶上哪一天孩子出去玩累了，或者吃了较多的水果、喝了过量的水，父母可以给孩子带上纸尿裤，这样就会减少尿床行为对孩子的影响。

2. 不要施加压力

有些事情，越是当一回事，越容易出问题。孩子尿床后，父母越是斥责、教训孩子，越是对别人抱怨，孩子越是有压力，越容易尿床。

父母也不要因为孩子夜间撒尿，导致自己休息不好就批评孩子。这样会让孩子有一种负罪感。执拗的孩子还会强憋尿，对膀胱造成压力不说，睡熟了还会尿床。

父母如果表现出在夜间非常乐意起来带孩子小便的样子，孩子就仿佛受到了鼓励，积极地在夜间起来小便。如果父母能够就此夸奖几句，孩子就会更积极地配合父母起来小便。

有的父母习惯睡前吓唬孩子："晚上敢尿床，我就把你扔出去！"其实，这么做会让孩子精神紧张，反倒容易尿床。

3. 从小培养好习惯

日常生活中，父母要积极引导孩子养成良好的排尿习惯。孩子能否自主大小便，与父母的养育方式、日常训练有关。从小没有把过尿，一直带着纸尿裤的孩子，到了1周岁以后，有便意的时候，他会向父母寻求帮助，这个时候，住楼房的家庭可以把孩子带到马桶上，然后扶住孩子，让他大小便。住平房的父母，公厕比较远的话，可以给孩子准备一个专门用来大小便的小塑料桶。孩子有了便意，父母就带孩子去家里较隐蔽的地方，坐在小塑料桶上方便。

白天要定时、定点提醒孩子排尿，遇到活动、出行、睡觉前也要提示孩子先排尿，以便到时排便不方便造成憋尿。

正确看待孩子与人吵架的问题

一天，在小区里，两个小男孩因为要坐到花坛边上而吵了起来。稍大一点儿的孩子有4岁了，有点儿仗着个子大欺负人的意思，那个小点儿的孩子也执拗得很，偏偏坐在那里不动！

大孩子身体靠上去，想把小孩子从花坛上挤下来，可是小孩子一点儿都不示弱，双手死死拽住花坛边上的栏杆，就不让他坐。

这时，大孩子的妈妈有些过意不去了，要上前制止儿子。可是另一位妈妈拉住了她的手，这位妈妈不觉得自己的小孩子被欺负了，觉得这样的争执很有趣，看得很开心。

我也觉得很有趣，两个孩子像打拉锯战一样，你挤我不让地争执。最后，有人喊大孩子去看小老鼠，大孩子忙不迭地跑了，小孩子长长地舒了一口气后，也跑去玩别的了。

几分钟后，我看到大孩子和小孩子又玩到了一起，小孩子甚至喊着“哥哥”“哥哥”的，画面还挺温馨呢！

吵架，成长的方式

孩子的成长，是一个社会化的过程。在这个过程中，孩子形成适应社会的人格并掌握社会认可的行为方式。可以说，这是人一生都要发展的内容。

1. 吵架促进语言发展

社会化过程里有一个重要的方面，就是与人交往。有人说，一个人的交往能力决定着他的人生，而交往的基础就是语言的发展。我们知道，3 岁以后，孩子的语言表达已经到了一定的程度，这时他们的人际关系敏感期到来了。如果一天见不到小朋友，孩子会觉得孤单。

儿童发展心理学认为，儿童语言的发展不是一个自发的过程，而是在社会生活条件下，特别是教育条件下进行的。如果孩子小的时候没有进入小伙伴的群体，或者总是处于被人欺负的窝囊地位，那么孩子的语言表达能力相对就会较差。

这是因为，孩子在讲道理、说服对方的过程中，大脑需要不断地思考“说什么”“怎么说”。为了抢占先机，孩子在快速组织语言的过程中逐步学会分析、综合、演绎、归纳等最基本的思维方法，思考的敏捷性和逻辑性同步得到提高，促进了大脑的发育与语言的发展。

2. 吵架可以提升沟通能力

6 岁前的孩子是以自我意识为中心的，每个孩子都有强烈的表现欲，往往无法接受不同的意见。这种情况下，几个孩子在一起，必然发生争执。当孩子间发生争辩、争吵时，成人不必惊慌，更不要忙不迭地把孩子隔开。在这个过程中，孩子可以通过相互间的语言表达、还击，达到交流和协调双方关系的目的。让孩子在争论中习得与小伙伴平等相处、在集体中满足自己需要的方法，从而克服“自我中心”化，真正学会维护自己和接纳别人。

教养关键 03

处理好孩子的吵架行为

孩子吵架是常见的，那是孩子之间寻找和谐相处的方法，习得适应社会的人格、掌握社会认可的行为方式的重要途径，只要没有安全问题，父母没有必要太在意。只要大人不参与进去，孩子自己一般是不会把吵架当成影响团结的大事的。

即便这样，以下几点还是要注意的。

1. 不要太计较“挨打”

有一个刚上幼儿园的孩子，几乎每天回家，身上都带着彩，一看就知道挨欺负了。一次两次妈妈都没在意，次数多了，妈妈担心这个孩子太懦弱，将来长大了受欺负。于是，她在家里教孩子再挨打的时候，他应该怎么还击。这个孩子起初不敢打别人，妈妈便开导孩子：“我们不可以欺负别人，但是别人欺负我们时，要保护自己。你可以尽量躲开，也可以与人理论、告诉老师，甚至还手抵抗。否则，你会受伤、会痛，妈妈也会难过！”后来，这个孩子真的敢打别人了。可再后来，这个孩子打人上瘾了，经常把别的孩子打出彩来。

老师把情况反映给了妈妈，妈妈对孩子说：“打人是不礼貌的行为。小朋友闹矛盾了，要好好说，说不好可以找老师，但是不可以先动手打人！”

就这样，这个孩子掌握了“打人”的分寸，从此，身上再没有挂过彩，也不再欺负其他的小朋友，人缘相当不错！

所以，面对孩子之间动手级别的摩擦，父母应慢慢引导，不要太在意一两次的“挨打”，但是也不能总是“挨打”。

2. 制止孩子的脏话

父母一定要记得，纠正孩子的错误，疏导永远胜过强制性干涉。当孩子骂人的时候，父母给以一个厌恶的眼神或者简单地问一句：“孩子，你在说什么？”更能触动孩子的心灵，让孩子记住自己犯的错误。切忌经常性批评孩子，这样容易使孩子对自己失去信心，认为自己就是一个说话不讲文明的坏孩子，会很自卑。批评孩子的时候，更不要用带有否定、忽视、不相信、藐视孩子的语言。比如，“你不说脏话就不成”“你就是这样的粗鲁人！”等。

对于年龄稍大一些的孩子，可以给孩子讲讲文明说话的好处，经常说脏话的坏处。如果只是讲道理孩子或许会认为父母是在危言耸听，那么不妨给孩子讲解一些现实生活中发生的故事。比如，有的人因为说了一句脏话导致了一场打斗，有的人因为一句难听的话被人骂了一顿，有的人因为一句脏话导致多年的友谊破裂等。

在教育的过程中，孩子就会明白，文明、有礼貌的语言让人感到被尊重，而脏话、无礼的话，因为伤害了别人的自尊和感情，难保不会引起冲突。

恋物——连睡觉都不放手

莉莉是一个小女孩，非常乖巧可爱，可是谁要是动她的小玩具熊，她就会发脾气，而且会很急切地把小熊抢回来。晚上睡觉的时候，小熊一定要放在枕头边，这样她才能安心入睡。妈妈奇怪，这个孩子玩具一大堆，为什么对这个已经显得有些老旧的小熊这么感兴趣呢？这会不会就是恋物呢？

这时，妈妈想到了最近同事们议论的一件事，说他们小区里总是丢女性内衣，后来查明是小区里的一位中年男子所为。这名男子患有“恋物癖”，是一种心理疾病。

这两种情况，有什么关联吗？

孩子恋物不是“癖”

在幼儿阶段，恋物的孩子很多，男孩、女孩都有。他们依恋的物品有玩具，或者是小被子、小枕头之类的东西，以此满足对母亲的依赖，提升自身的安全感。对于2岁以上的幼儿，依恋物就是孩子情感的慰藉物。只要孩子不是一天24小时抱在身上，就没有什么问题。

而恋物癖是性欲倒错的一种，指在强烈的性欲望与性兴奋的驱使下，反复收集一种物品，比如内衣、内裤、头巾或异性的头发等，并以此得到性兴奋和性满足的一种性现象。国内成瘾医学专家何日辉明确提出，恋物癖等性偏好障碍，是一种成瘾性心理疾病，属于冲动控制障碍的一种类型，与道德水平和意志力无关。

恋物癖通常开始于青春期，多见于男性，这种行为会引发患者不惜用偷窃、抢劫等非法手段去获取迷恋的物品。此类疾病的原因很复杂，多和个人成长经历、家庭、压力、性教育不当等有关。恋物癖患者在偷窃所恋物品的前后，心理是非常复杂和矛盾的：在没有得手前，往往感到焦虑、紧张和不安；一旦得手，虽然性心理得到满足，但常常又会憎恨自己的行为而产生自责、悔恨、痛苦、自卑等心理冲突。因此，患者常有改过之心，而无改过之举。

可以说，恋物癖是一种人格障碍，而孩子的恋物，只是一定阶段心理上获得的一种满足。如果父母满足了孩子爱的需要，孩子内心感到安全，就不会出现恋物行为。

即使 6 岁前的孩子有恋物倾向，只要父母引导有方，也能改变和转化过来。

教养关键 04

防止孩子过度恋物

要想养育一个身心健康的孩子，父母一定要明白，不光要满足孩子的衣食住行，还要关照孩子的内心需要。这样孩子才能健康成长，拥有健全的人格和丰富的精神世界。

1. 多拥抱孩子

父母要尽可能地亲自抚养孩子，平时多给孩子一些拥抱、亲吻，多和孩子玩耍。父母的拥抱能让孩子感受到被爱：我在你身边；我爱你；别怕，有我呢；妈妈去上班，下班就回家陪你；摔倒了不要紧；你很安全……这样，孩子即使喜欢某个玩具，也不会把那当作精神的寄托。

2. 丰富孩子的生活

如果父母平时陪伴孩子的时间很少，孩子经常陷入孤单中，那么他很容易把情感寄托在自己常玩的玩具上。所以，父母在尽可能地寻找机会与孩子亲近的基础上，还要让孩子的生活变得更加丰富多彩。

平时，让孩子的看护者多带孩子出去走走，避免孩子沉溺在自己和所恋物品的狭小天地里。多给孩子创造与其他小孩接触交流的机会，让他有自己的同龄朋友，这样也可以让孩子的性格更加开朗一些。

如果孩子玩具不离身，父母可以告诉孩子，玩具很容易沾染细菌，经常抱着容易传染皮肤病，红肿发痒很难受的，还要去医院。孩子一般都怕去医院，这样就可以使孩子不再那么迷恋玩具了。

3. 预防男孩的“恋物癖”

“恋物癖”男性发生的概率比较高，所以要尽早预防。男孩 3 岁以后，让他单独睡，不要和妈妈一起睡。平时，妈妈不要在孩子面前更换内衣，不要玩弄男孩的性器官，夫妻性生活要避免让孩子看到。

有的男孩会有恋母情结，3~5 岁是幼儿恋母情结转化的时间。妈妈不要过于溺爱男孩，帮助孩子把爱转移到父亲身上，认可并学习父亲的优良品质，这样男孩就会摆脱恋母情结，形成独立性格。

2岁以后，孩子还吃手

丽君是一个4岁半的女孩，父母工作比较紧张，所以跟奶奶在一起的时间比较多。最近奶奶身体不好，丽君就回到了父母身边。丽君吃饭是一家人的大难题，每天都要折腾好久她才吃进一些饭。

晚饭时间到了，爸爸吃完了一碗饭，丽君也没吃下几口。妈妈哄着："宝宝乖，宝宝听话！来吃饱了，好去玩！"可丽君就是不吃，一会儿敲桌子，一会儿蹭到椅子下边，一会儿抢筷子。妈妈端着饭碗的手都麻了，这时来电话了，妈妈去接电话，爸爸接过饭继续喂。

妈妈回来后，看着爸爸坐在沙发上，给正在看电视的女儿喂饭，火就上来了。妈妈最反对让丽君一边看电视一边吃饭，于是气呼呼地夺过爸爸手里的饭碗："说了多少次了，在餐桌上喂，你怎么不听呢？"爸爸也生气了："吃点儿总比不吃强吧？"妈妈反驳道："没有电视，以后就不吃饭了吗？"爸爸"啪"的一声，把筷子扔在了地上，妈妈更生气了，一扬手把碗摔了。见到此情，丽君吓得缩成一团，哇哇大哭。

从那以后，爸爸妈妈经常见到丽君躲在一边咬手指头，两只大眼睛盯着爸爸妈妈，见到奶奶就躲到奶奶的怀里。这个孩子真的是被吓坏了！

小宝宝爱吃手，是在学习和探索，但有的两三岁大的孩子也喜欢吃手，甚至把指甲咬得光秃秃的。这个时候，父母就要小心了，或许孩子正受着紧张、焦虑等情绪压力的困扰。

孩子吃手与压力有关

两三岁以后的孩子还吃手，可能与微量元素缺乏有关，所以父母先要带孩子去医院检查。如果确实有缺乏的微量元素，就要积极治疗，然后再看结果。如果没有，那就可能是心理上的因素了。

当下的孩子，压力一点儿都不小。一般来讲，造成孩子压力大的原因主要有以下几个方面。

第一，由于生活空间相对缩小，城市里的孩子远离淳朴的自然生活环境，自由玩耍的空间变小，孩子的身体缺少必要的刺激，比如皮肤的感受、嗅觉、触觉、肌肉的感觉等，导致孩子很多能力的发展受限。身体功能的钝化造成身心不够和谐，焦虑、抑郁、烦躁等不良情绪时时困扰着孩子。

第二，孩子感到压力时，由于语言表达能力有限，往往无法清楚地讲出来，因此他们有时无法得到成人的及时帮助。而且由于他们自身的知识以及处世经验缺乏，处理问题的能力较差，因而不能自己解除压力。所以，当压力过大或持续时间过长时，孩子就要寻找发泄的出口排遣压力，以实现自我保护。

第三，父母过度地保护和溺爱孩子，导致孩子自立能力差。上幼儿园后，因为缺少适应社会能力的锻炼机会，孩子不能很好地适应新环境和与小伙伴相处，以致情绪波动、过度担忧。

个别孩子还有另外一些原因。

1. 抚养者变换

主要的照顾人和陪伴者有了变化，比如保姆更换，以及从祖辈家里来到了自己家里等，这种生活的硬环境和软环境的变化，都可能给孩子带来压力。

2. 报了不喜欢的特长班

孩子不喜欢一些特长班，但是父母还是要求孩子学——别的孩子不会的自己的孩子要会，别的孩子会的自己的孩子要更精通。这样势必导致孩子心理压力过大，因为他们的情感要在“做不好怎么办”上纠结。

3. 孩子玩伴太少

如果父母为了省心，大部分时间都是把孩子圈在家里玩玩具、看电视，接触不到同龄的伙伴和新鲜事物，不免会使孩子感到寂寞、孤独和乏味。这时，孩子会用吃手来排遣孤单和寂寞。

6 岁前的孩子，本是无忧无虑和享受爱的年纪，父母多给孩子关爱，让他快乐成长，孩子的内心才会充满阳光。

教养关键 05

科学地解决吃手问题

如果确认吃手是压力大造成的心理问题，那么父母在纠正孩子吃手的问题时，一定要注意以下几点。

1. 不能用粗暴手法

如果只是简单粗暴地阻拦孩子吃手，甚至动用惩戒手段，那是治标不治本，很有可能会使孩子出现其他的问题。

所以，妈妈爸爸的态度要和蔼，语言动作要轻柔，千万不要采用打骂、讥笑、恐吓的方法，最好跟孩子讲道理，如吃手很脏，手上还会留下难看的疤痕，等等。

2. 满足孩子的情感需要

如果孩子的情感生活丰富，自信心就会强，抵抗压力的能力就会强。所以，平时父母多搂抱、陪伴孩子，多和孩子一起玩耍，每天陪伴孩子一起入睡，给孩子讲故事，都能增强孩子内心的安全感，使他不会孤单、寂寞。

父母引导孩子多交朋友，平时多带孩子到外边玩，带上一些小工具，走进大自然里，去忙碌。父母也要教会孩子一些相处之道，比如和别的小朋友分享玩具、去别人家玩的规矩等。

3. 把手替换下来

当孩子吃手时，可以给孩子一块磨牙饼干、一些水果什么的，或者给孩子一个喜欢的玩具，和孩子一起玩玩、运动运动。尽量不让孩子闲着，这样他就想不起来吃手了。

是否及时分床——影响独立性

与家长们一起聊天，我无意中获得了一个信息，即孩子到了七八岁，还是和妈妈一起睡，有的男孩甚至把爸爸轰到别的房间，要“独霸”妈妈。这样的孩子不在少数，这些妈妈也试图让孩子自己睡，可是却很难把孩子分出去。

妈妈们很苦恼，为什么和孩子分床这么难呢？

为何分床那么难

孩子分床的年龄根据孩子的具体情况会有所不同。但是大部分的孩子从2岁起就要做这件事情了，最大不超过6岁，一般在孩子5岁左右就一定要和父母分开睡了。

1~3岁是培养孩子自主性的关键时刻。如果孩子能够料理自己的简单生活，比如穿衣、吃饭、喝水、选择自己喜欢吃的食品等，孩子就会觉得自己是独立而自信的，奠定了他在以后的生活中主动掌握自己命运的能力。

1~3岁，孩子的自我意识逐渐建立。孩子能否独立、自主地发展自己，这个阶段也起着很关键的作用。独立是一种在自主能力提高基础上的心理上的成长，也就是孩子明白了“我要自主自立”。分床睡，是检验也是锻炼孩子独立能力的重要方式。观察孩子能否自己独立睡觉，就能判断这个孩子的独立程度。

3~6 岁是培养孩子主动性的关键时刻，这个时候孩子能否积极主动地做事、能否体验到成功的满足感，将决定着孩子将来对人、对事、对自己命运的态度是积极争取，还是消极放弃。分床而睡虽然不是什么大事，却考验了孩子对自己的挑战和对环境的适应能力。

我朋友的孩子，读小学了，每天早晨还得爸爸妈妈给穿衣服，大便了要父母擦屁股，更没有洗过任何自己的衣物。他每天都要跟父母一起睡，就是去卫生间也要妈妈跟着。这样的孩子，心理上的独立是比较差的，往往内向、怯懦，遇到问题首先想到的是求助于父母，在生活中不太会照顾自己，学习上也相对被动，容易出现“长不大”的情况。所以，孩子长期与父母同床睡，会导致孩子依赖性强、任性、做事拖拉，甚至会滋生出种种不良习惯。

因此，适时地让孩子分床独立睡，不仅仅是在哪里睡觉的问题，而是关系到孩子能够独立自主的大事情。

教养关键 06

分床有方

孩子天生是要走向独立的，与父母分床睡是迟早的事情，但如何让这个过程完成得更好、更利于孩子成长，就要讲究一些方法了。

1. 从小分床而睡

有的妈妈在孩子出生以后，就跟孩子分床而睡。她们觉得这样做能够保证孩子、大人的睡眠质量，也能够避免父母压着孩子。当然，孩子和父母的床是挨着的，只不过不会互相干扰而已。

孩子的小床和妈妈的床应高度一致。为了保护孩子的安全，孩子的床的三面可以设置上小栅栏，和妈妈的大床挨着的那一头不用栏杆，这样孩子能够感受到妈妈的气息，妈妈也能适时地给孩子一些爱抚。孩子的床最好是带有轱辘的，这样可以随着孩子的不断长大，把孩子床的距离和父母床的距离拉大。

孩子从小习惯了自己睡一张小床，到了四五岁的时候，再和孩子分室分床睡，就会容易一些。

2. 让孩子感受到爱

什么样的孩子比较容易自己睡呢？那就是内心安全感强的孩子。这样的孩子坚信父母的爱不会随着时间、位置的变化而变化，所以能够坦然接受分床分房间。即使孩子能够独自睡，父母也要告诉孩子，长大了就要独立睡，爸爸妈妈还像以前一样爱他。

在孩子分床睡后，父母要时刻关注孩子的心理变化。孩子独睡后，可能会产生恐惧感、孤独感及遗弃感。这个时候，父母可以在睡前陪伴孩子一会儿，给孩子讲讲故事什么的，等孩子有了睡意就出来；或者让孩子开着门睡觉，这样也会感觉和父母是在一起的。总之，想办法让孩子感觉到虽然与父母分室分床睡了，但父母的关爱永远在他身边。

3. 循序渐进

孩子和父母从相拥而睡到自己独立睡，开始时会产生各种不适应的情况，这时父母要耐心告诉孩子分床独自睡是成长的需要，并不是不再爱他了。父母也可以通过给孩子购买漂亮的床上用品、把玩具集聚到孩子的房间等方式，让孩子对独立的空间产生归属的感觉。

跟孩子制订计划，刚开始周一到周五孩子自己睡，周末和父母睡；慢慢地，就让孩子每天都自己睡好了。其实，真正独立后的孩子，是不愿意和父母睡的。

孩子独立睡成功后，父母还可以培养孩子自己穿衣、叠被，管理自己的小床，增强孩子的生活自理能力。

4. 需要硬起心肠

有的孩子已经形成了与父母同睡的习惯，让他自己睡，就会有抵触心理和哭闹现象。有这些情况出现很正常，父母不要心软，该怎么做就怎么做好了。“哄”的方式比较适合这种情况，对孩子表达爱意，但是坚决不要改变让他自己睡的主意。

分床分室过程中，还容易出现反复，也就是父母把孩子安顿好后，孩子跑回来睡觉。父母千万不要心软，哪怕再辛苦再难缠，也要坚持把孩子送回去，陪伴他、鼓励他重新入睡。

但是当孩子生病或遇到挫折时，也正是他需要父母关心和安慰的时候，父母可以与孩子暂时同睡，在满足孩子的生理、心理需要的同时，也方便父母随时照顾孩子。度过这段时间以后，再让孩子自己睡。

孩子怕这怕那

我曾在网上看到这么一个帖子：在小区里有一个小孩用手掐、用拳头打小兔子，很是残忍。一个人上前询问原因，小孩答："妈妈让我打的，我也不想打。"那个人跟孩子妈妈聊天得知，这位母亲觉得儿子胆子太小，就想到用这个方法来锻炼他的胆量。

类似的锻炼胆量的故事，还有比这更残忍的，把孩子关进狗的笼子里，强迫孩子搂着狗的脖子；让孩子掐死金鱼；站到摩托车踏板上；等等。

这种事，一方面叫我看到了一位重视教育的妈妈，另一方面也使我深深地感受到了这位妈妈是多么的教育无方！个别父母不懂教育，却非常关注教育，结果反倒耽误了孩子的成长，促成了坏品质的发展。

让孩子用拳头打小兔子，无疑是对孩子心性的错误指引，让孩子觉得小动物的生命是可以随意伤害的，导致孩子爱心缺乏、崇尚暴力。所以，用这种方法锻炼孩子的胆量是完全错误的。

胆小的孩子怕什么

如果孩子胆小，是一定要改变的。因为胆小的孩子长大后容易懦弱、保守、创新能力不足，很难有大出息，所以父母一定要注意观察孩子是否有胆小的倾向。

1. 怕小动物

看到小猫、小虫都会害怕，见到蛇、狗等大的动物更是吓得不行。孩子生来是不懂恐惧的，连老虎都敢摸，孩子之所以有怕的倾向，是后天习得的。

可能是由于看到过小动物袭击人、小动物发狂的样子、父母或者稍大的小朋友害怕这类动物等，使孩子产生了心理阴影。

2. 怕独自待着

有的孩子，即使白天都不敢一个人在家里待着，晚上更不敢一个人睡觉。这样的孩子可能听到了关于“鬼”的传说或者故事，因为这个年龄阶段的孩子对世界的认识还不够科学，甚至分不清故事和现实，很容易把故事中的画面移植到现实生活中，越是一个人待着的时候，越容易瞎想，自己吓唬自己。这样的孩子，一般性格敏感而脆弱。

3. 怕见生人

3 岁以前的孩子怕见生人，与他们的依恋情感有一定的关系。孩子有一种天然的自我保护，熟人能够给他们安全感，所以孩子对于生人有一种天然的排斥和躲避。

如果 3 岁以后，孩子还是怕见生人，原因就比较复杂了。3 岁以后，孩子的自我已经建立起来，渴望着与外界建立更多的联系，人际交往的敏感期出现了。这个时候，如果家长过度保护，怕孩子被小伙伴欺负，把孩子圈在家里时间过长，见人少的话，孩子性格就会腼腆、怕生。

特别是抑郁质气质类型的孩子，这类孩子天生不善交际，喜欢独处，如果父母不给孩子创造交往的机会，孩子就容易形成胆小怕生的性格。

如果孩子特别怕某一个人，有可能是被这个人吓唬过。但不管哪种原因出现的害怕情绪，都需要父母解开孩子的心结，让孩子变得胆大、活泼一些。

教养关键 07

如何使孩子勇敢

父母当然不希望自己的孩子是个“胆小鬼”。孩子被“怕”的情绪主宰后，不但缺少开拓进取的精神，还可能形成胆小懦弱的消极人格，那样的话，岂不影响了孩子一辈子？所以，父母要预防孩子形成胆小懦弱的性格。

1. 疏导孩子的害怕情绪

为了防止孩子形成胆小的性格，当孩子表现出害怕的情绪时，父母不要对孩子置之不理，不要挖苦孩子是“胆小鬼”，更不要鄙视孩子，而是无限温情地理解孩子、鼓励孩子。当孩子知道父母理解他害怕的心情时，他就不会觉得孤立无援，而是觉得自己有力量战胜恐惧，从心理上就放松了。

当父母搞清了孩子为什么害怕的时候，最重要的是让孩子认识到没必要害怕，所以要跟孩子解释清楚事情的经过，说明真相不是像孩子想象的那么可怕。这样孩子就会觉得自己是安全的，心情就会放松下来。

2. 放手， 让孩子去经历

很多事情看起来不容易，真做起来却并不难。只有挑战过自己、对事情有了解的人，才会对事情、对自己有正确的判断，而不是凭着想象或者表象去判断。

所以，父母要在保证孩子安全的情况下，对孩子放手，不要担心弄脏、冻着、弄坏东西、伤着什么的，让孩子去实现自己的想法、增长见识、提升能力。爱迪生曾说过：“去做害怕的事情，害怕自然就会消失。”父母鼓励的做法，会提升孩子的自信，增强孩子的探索欲，孩子的胆量自然而然就大了。

3. 不要给孩子压力

不要在孩子面前夸奖别的孩子，也不要很直接地当面指出孩子的不足，因为这样会给孩子压力。在降低了孩子的自信后，孩子会更加胆小，以至于出现对自己的评价过低的现象。

父母要学会找孩子的优点和勇敢的行为，以此帮助孩子走出恐惧、害怕、胆小的心理，让孩子“有想法就敢行动”。

孩子眼里的“生殖器”

有的孩子喜欢抚摸生殖器，那份自然而坦荡的样子，就好像摸自己的耳朵、鼻子一样。可这时，父母却犯嘀咕了，孩子为什么这么喜欢摸生殖器呢？

妈妈在家里做家务，女儿自己玩。后来，妈妈过来拿卫生巾，却找不到。四周找找，看到女儿的小内裤里里面鼓鼓的，还很神秘地用手捂着，妈妈乐了。看来女儿是看到自己用这个好奇，也在偷着用呢！

最早的性不邪恶

孩子出生后，口首先唤醒了手，接着就靠着口、手中的某个器官或者这两个器官的联合来认识身体、认识世界，逐步唤醒身体的其他器官，发展身体的功能。

当孩子一双探索的小手摸到自己的生殖器的时候，会体验到一种快感，促使孩子经常做出这个动作。“刚刚出生的小婴儿就已经有性快感了”，弗洛伊德 1905 年提出了这一论点。婴儿的性快感并不仅仅局限于生殖器官，皮肤的温柔接触、小嘴的频繁吸吮等，都有可能带给他身体与心理的愉悦。这个时候，对生殖器的抚摸和其他的动作一样，只是因为带来快感，孩子才趋向的。这些感觉将为孩子成年后性的发展打下基础，使他学会爱与被爱。

对于孩子的这种行为，父母的态度很重要。如果父母的态度是友好的，觉得孩子摸生殖器是正常的行为，对孩子日后的性反应，就具有正常、自然而积极的鼓励作用。性本身就是生活的一部分，它植根在每个人的生命里。1~3 周岁，孩子的愉快感觉集中在肛门附近。孩子的抚摸行为还属于对身体的探索性，是他成长过程中必须经历的一个阶段。

但是到了三四岁的时候，就要约束孩子的行为了。虽然是用感受爱的方式玩生殖器、体验愉快的感觉，但是太频繁了就不太好了，因为这涉及孩子的性态度的发展。

父母要耐心地告诉孩子，不应该当着众人的面显示出或者玩自己的生殖器。这是非常私密的事情；不能总摸，那样不卫生；对男孩说，不要追着女孩去卫生间看，对女孩说，不要追着男孩去卫生间看。

教养关键 08

正确对待孩子的“性行为”

如果孩子已经出现了经常性地抚摸生殖器，为了防止形成习惯性动作，父母要想办法淡化孩子的意识。

1. 关注孩子的“性行为”

父母要留意自己的行为；孩子的内衣内裤应宽松些；不要让孩子从事有可能刺激性感区的活动，如爬树、抱枕头等。

当父母发现孩子与孩子之间有互相观看、相互触摸等性游戏时，应及时加以阻止。但要注意方法，不要训斥、打骂，而要说明道理，正确引导。

2. 别让孩子的手闲着

如果孩子吃奶、玩耍的时候，喜欢摸生殖器，父母不要太关注，也不要生硬地把孩子的手挪开。只要在每次吃奶、玩耍的时候，给孩子找点儿事干就好了。

父母给孩子准备一两件小玩具，当他吃奶、玩耍的时候，让孩子攥住。手被占住了，孩子的注意力转移了，也就无法抚摸了。

有的父母习惯了当监督员，每时每刻都盯着这件事，只要孩子这么做，就把手拿开或者打手。两三岁的孩子正处于生命的第一逆反期，你越不让我干，我越要干，结果不但改不了这个坏行为，反倒养成了坏习惯。

3. 不要强制孩子

当父母生硬地把孩子的手从生殖器那里移开的时候，孩子马上又会挪回去。因为孩子的好奇心很强，他要满足自己的探索欲望。

父母不要怒斥孩子："不许动！这东西脏！""羞死人！不要脸！"也不要强制拉开，更不要打孩子，否则的话，就会在孩子的心中形成一种错误的认识，那就是生殖器是脏的、见不得人的、摸不得的，所以凡是与生殖器有关的活动是要抑制的，否则会受到惩罚。这种有害的"性心理"一旦形成，并不断强化，就会产生性抑制，长大以后，成为一种严重的性功能障碍。

4. 处理好睡眠时间

孩子抚摸生殖器，有的时候是在睡前，有的时候是在睡醒后。因为这个时候，孩子躺在床上，双手比较空闲。为了防止孩子在这两个时间段摸生殖器，父母要摸清孩子的睡眠规律，到了睡觉的时间再把孩子送上床，躺在床上的时候抚摸着孩子的小手；孩子睡醒了立马去陪伴他，给他讲故事、陪他玩游戏，那么孩子就没有时间摸了。